EL JUEGO DE WALL STREET

Y CÓMO JUGARLO CON ÉXITO

Por Hoyle

Traducción de I.A. Ortega

El Juego de Wall Street, y Cómo Jugarlo con Éxito
© 2020. I.A. Ortega. Todos los derechos reservados.

Ninguna parte de esta publicación, incluido el diseño de la portada, podrá ser reproducida, almacenada en un sistema de recuperación de datos o transmitida de ninguna forma ni por ningún medio, ya sea electrónico, mecánico, de fotocopiado, grabación o cualquier otro, sin permiso previo y por escrito del titular de los derechos, excepto en el caso de citas breves incluidas en artículos y reseñas críticas.

ISBN: 9798646319518
Publicación independiente

Título original: The Game in Wall Street, and How to Play it Successfully
Edición original publicada en 1898 por J.S. Ogilvie Publishing Company, 57 Rose Street, New York City. Fundada en 1878, la compañía estaba especializada principalmente en novelas de diez centavos y libros de instrucciones.

Tabla de Contenidos

INTRODUCCIÓN 1

PARTE I: EL JUEGO EN WALL STREET 3

    Cómo Evitar las Pérdidas 13

    ¿Quién Participa en este Juego? 13

PARTE II: SIETE U OCHO CARTAS MARCADAS 16

    Acciones Principales y Secundarias 17

    Los Fondos 18

    Una Campaña 19

    Pista Número 1 24

    Pista Número 2 25

    Pista Número 3 26

    Acumulación-Distribución 28

    Acumulación y Distribución 30

    La Especulación: Un Estudio Científico 32

    Pánicos 35

    Pánicos en la Bolsa de Valores 37

    Fluctuaciones 38

    Sistemas de Especulación 45

Perspectiva 54

PARTE III: PISTAS Y DESPISTES 57

Pista Número 4 57

Pista Número 5 58

Pista Número 6 59

Pista Número 7 59

Pista Número 8 60

Pista Número 9 60

Pista Número 10 61

Pista Número 11 61

Pista Número 12 61

Pista Número 13 62

Pista Número 14 62

Pista Número 15 63

Pista Número 16 64

Pista Número 17 64

Pista Número 18 66

Pista Número 19 67

Pista Número 20 67

Pista Número 21 68

Pista Número 22 68

Pista Número 23 70

Pista Número 24 70

Pista Número 25 71

Pista Número 26 72

Las Trampas de Sugar 72

La Gran Campaña Anual del Fondo de Sugar Trust 75

Tablas de Precios 79

Rango Anual de Precios en las Acciones Activas 81

Diccionario Bursátil 83

Introducción

El Autor, al escribir este pequeño libro, no se basó en ningún guion.

Ha intentado utilizar un lenguaje sencillo y contar las verdades del juego de Wall Street, o por lo menos, algunas de ellas.

No ha hecho ningún esfuerzo por dar estilo a su escritura. Se ha esforzado por usar un lenguaje simple y «llamando a las cosas por su nombre».

No tiene espíritu reformista alguno. Acepta la naturaleza humana tal y como es. Espera que este pequeño trabajo pueda salvar un cordero o dos del sacrificio.

Se da cuenta de que, si el público puede salvarse en todo momento, no será por argumentar en contra del negocio en sí, ya que eso han intentado hacer los moralistas durante muchos años sin obtener ningún resultado. De hecho, en el presente año de gracia de 1898, después de todo lo que se ha dicho ya acerca del asunto, la tendencia especulativa es más fuerte que nunca en la mente del público que la que se ha visto en cualquier momento desde nuestra Guerra Civil.

Posiblemente, si el público aprende algo sobre el juego, puede evitar cometer errores fatales. Si el público aprende a jugar, y a ganar, eso es lo que más daño haría al propio juego que cualquier otra cosa. Si los corderos ganaran en Wall Street cien millones de dólares al año en lugar de perderlos como lo hacen ahora, los directores del juego tendrían que cerrar el negocio en menos de dos años.

Con la esperanza de que alguno de los corderos pueda conseguir una pista o dos que los ayuden, se lanza este trabajo con los mejores deseos de SU AUTOR.

PARTE I

El JUEGO EN WALL STREET

Si usted, mi querido señor, quisiera formar parte de un club de juego de naipes de primera categoría como el *whist*, se esperaría que tuviera ciertos conocimientos del juego. ¿No?

Al menos debería entender algunos principios básicos del juego, de lo contrario, sería bastante peligroso empezar a jugar contra jugadores experimentados.

Lo que es válido para el juego del *whist*, no es menos válido para el juego de Wall Street. En este último, el aficionado que se adentra en el juego sin estudio o conocimiento, y que intenta adivinar el movimiento de los precios, o se ve influenciado por los consejos, chivatazos y chismorreos que pueda leer en los periódicos y revistas financieras, o en las publicaciones de los corredores, es casi seguro que acabará perdiendo.

Sí, ya le estoy escuchando argumentar: «pero la especulación en Wall Street no es un juego de azar o habilidad como un simple juego de cartas. La subida y bajada del precio de las acciones depende de la demanda económica, de la cosecha, de las guerras y los rumores de guerra, del petróleo, y de mil y un factores que ningún hombre puede predecir por completo». Usted dice, quizás, que el precio de las acciones está regulado por la ley de la oferta y la demanda, al igual que el precio del algodón o cualquier otra materia prima. Que negociar acciones es tan legítimo y honorable como el comercio de cualquier otra cosa. En cualquier rama del mercado uno intenta comprar cuando el precio es bajo y vender cuando es alto, y eso es exactamente lo que se hace en la bolsa de valores.

Respondo a sus argumentos diciendo que en ellos hay un poco de verdad y mucha sofisticación. Los factores que menciona como determinantes del precio de las acciones tienen una indudable influencia, pero, como verá antes de terminar estás páginas, esos factores económicos no son la influencia determinante que dirige el curso de la bolsa de valores.

Las personas que controlan el juego tienen en cuenta estos factores y organizan sus planes de acuerdo a ellos, pero el curso general del precio en la bolsa está determinado por la inteligencia humana y no por el azar o las condiciones naturales.

Tengamos en cuenta por un momento en el argumento presentado por el apologista de la bolsa de valores, mediante el cual trata de demostrar que el negocio es legítimo y que se rige por las mismas leyes económicas que el comercio en general.

Sin duda hay un comercio de acciones legítimo. Si alguien compra cien acciones de New York Central, o Western Union, o St. Paul como inversión, para cobrar dividendos, eso es una compra legítima. Si, después de un tiempo, esta persona desea utilizar su capital en cualquier otra cosa y vende sus cien acciones de un valor, eso es una venta comercial como cualquier otra. Si obtiene un precio más alto o más bajo de lo que pagó por la acción, la diferencia es una ganancia o pérdida legítima. Las bolsas de valores se crearon indudablemente para facilitar este tipo de transacciones.

Pero en la actualidad, el comercio de acciones como el anterior no constituye el 5 % del total de la negociación realizada en las bolsas de valores. El restante 95 % de la negociación es puramente especulativa y no tiene relación ninguna con la inversión en acciones.

Veamos algunos hechos que pueden servir para arrojar algo de luz sobre este punto. Tome dos de las acciones líderes del grupo, como por ejemplo Sugar Co. y St. Paul.

Durante todo el año, el total de las acciones ordinarias del American Sugar Co. se compran y se venden en la Bolsa de Valores de Nueva York cada seis o diez días. Solo hay 309.000 acciones ordinarias de Sugar, y, sin embargo, en cincuenta días hábiles, entre el 16 de febrero y el 16 de abril de 1898, *se compraron y vendieron en la Bolsa de Nueva York 3.223.300 acciones de este mismo valor*. El coste real de negociación en esos cincuenta días fue de unos *400.000.000 de dólares*. Si esta tasa de negociación permaneciera durante todo el año, *2.400.000.000 de dólares* en acciones de esa compañía se comprarían y venderían en la Bolsa de Nueva York. La emisión total de esta misma acción es de solo *36.000.000 de dólares*.

Lo peculiar de todo esto es que no importa cuántas veces se ha comprado y vendido el capital social en acciones de esta compañía en los últimos cuatro años y en las diferentes bolsas, ya que no ha provocado ningún cambio en la administración de la compañía.

Y tal manipulación de los precios y apostar por la cotización de la acción se dignifica con el nombre de «negocio», y a los directores del juego, los manipuladores, se les llama como «hombres de negocios» y «eminentes financieros» o «nuestros conocidos banqueros y corredores de bolsa».

«Este es un mundo loco, mi señor».

Permíteme poner otro ejemplo: el número medio de acciones ordinarias de St. Paul que se compran y se venden *cada mes, y año tras año*, equivale al doble del número total de estas acciones. Pero los inversores, aquellos que compran sus acciones por los dividendos, o para obtener derechos de votación, ¿cambian sus inversiones dos veces al mes?

Tomemos otro hecho que arroja luz sobre el tema. Hay alrededor de ciento treinta acciones negociadas en la Bolsa de Nueva York. En un año, alrededor de dos tercios de todas las operaciones se limitarán a seis o siete acciones líderes. Algunos días, la manipulación en tan solo dos acciones como Sugar y Tobacco, representa dos tercios de la negociación total.

Ahora bien, ¿alguien puede explicar en base a qué naturaleza de las cosas, y como resultado de qué demanda legítima estos hechos son así?; ¿por qué, por ejemplo, menos de cien participaciones de Chicago y Alton Railroad pueden comprarse y venderse en un día determinado, y el mismo día se puede negociar *setenta y un mil participaciones de St. Paul*, un valor similar? Si, además, alguien explicará por qué esta misma proporción de negociación continúa en el comercio todos los días del año. Y si alguien explicara esto sobre *los principios básicos que dirigen los negocios*, estaré listo para admitir que toda la negociación en Wall Street es un negocio legítimo y honorable, regido por las mismas leyes de oferta y demanda que controlan el comercio de patatas o tela de algodón. Pero hasta que dicha explicación no se realice, mantendremos la opinión de que el 95 % de los negocios en Wall Street son parte de un juego.

Y como veremos más adelante, la bolsa de valores NO ES UN JUEGO DE AZAR, sino un juego de habilidad.

Los certificados de las acciones no tienen más valor que el papel usado, excepto porque representan posibilidades de cobrar dividendos o poder de voto en la gestión de la compañía. Todas las compraventas de acciones que no se basen en estas dos características son simplemente apuestas sobre si el precio de la acción subirá o bajará. Por lo tanto, el 95 % de la negociación en las bolsas de valores son solamente con el propósito de hacer simples apuestas sobre la cotización del precio de esas acciones.

Me detengo en este punto porque el público que quiera jugar a este juego debe entender desde el primer momento qué tipo de juego es. Le mostraré que este juego tiene principios y reglas bien definidas que el público debe estudiar.

Este juego no es un juego de azar, sino un juego de habilidad, dirigido por hombres con gran astucia que controlan millones de dólares. Solamente el dinero que puede mover el fondo de Sugar Trust, por ejemplo, es casi imposible de calcular.

Pero como hemos dicho, no es raro que se dediquen a la compra y venta de esta acción por un valor entre doce y quince millones de dólares durante un solo día en la Bolsa de Nueva York. Si bien, el fondo de Sugar Trust no realiza todas las operaciones, aun así, es evidente que controla en todo momento el precio de la acción.

Creo que soy conservador cuando afirmo que los siete principales fondos que controlan los movimientos de los siete valores más activos de la bolsa, manejan un capital de no menos de SESENTA MILLONES DE DÓLARES en efectivo.

Sesenta millones de dólares son una gran suma de dinero para ponerlo en cualquier tipo de juego.

¿Y quién lo financia?

Por supuesto, los directores del fondo no le dirán esto. Pero puede adivinar que los iniciados de las compañías industriales y ferroviarias cuyas acciones son manipuladas por estos fondos, junto con ciertas personas cercanas a la administración de las compañías más grandes de seguros, y también ciertos bancos de Wall Street, proporcionan una gran parte del capital. Su suposición no diferiría mucho de aquella que pueda hacer algún observador astuto fuera de Wall Street. Es cierto que estas personas que pueden manejar millones de dólares, son los socios silenciosos de este juego.

Aun así, el capital es conservador por naturaleza, y cuanto más grande es el capital, más conservador es. Los capitalistas astutos que controlan estos fondos no arriesgan sus millones en un simple juego de azar. Los Wormsers, los Flowers, los Keenes, los Havemeyers, los Hoffmans y otros gerentes de fondos, no arriesgan su propio dinero y el de sus socios en la incertidumbre económica.

Estos hombres controlan absolutamente todo el juego. Lo dominan de principio a fin, y tienen el capital y la capacidad suficiente de alcanzar el objetivo al que apuntan a pesar de los sucesos inesperados que, para un observador superficial, parecen influir en el curso de la bolsa de valores. No hay ninguna otra posibilidad que no sea que estos hombres ganen, y que el público al final pierda.

No sirve de nada, por esta razón, pedir que se cambie la baraja del juego. Cuando en las siguientes páginas haya visto en los gráficos del mercado cómo los precios de la bolsa tienen un movimiento bien predefinido cada año, estará listo para reconocer, que es la inteligencia humana, y no la casualidad, lo que controla el curso del mercado, y que los precios no suben y bajan por el azar, como supone el público.

Si, entonces el 95 % de la negociación en Wall Street es puramente especulativa, unas simples apuestas sobre los precios, y si el curso de los precios está controlado por unas pocas mentes astutas, ¿qué tipo de juego están jugando estos hombres? Sabemos que los hombres que controlan los fondos en Wall Street y que viven en mansiones de la parte alta, piensan que son, y desean que el mundo los considere como «financieros». Pero antes de terminar el libro, le demostraré que estos hombres y sus socios silenciosos son los dirigentes *del juego de apuestas más estupendo que el mundo haya visto jamás.*

Es un juego donde las ganancias y las pérdidas son de uno a dos millones de dólares por día, un juego que solo en la ciudad de Nueva York emplea a más de diez mil hombres inteligentes como corredores de bolsa, empleados y asistentes.

Un juego del que recibimos diariamente información gratuita y en gran medida en todos los periódicos más prestigiosos del país bajo el encabezado de «Mercados Financieros», o «Noticias de Wall Street» o cualquier otro titular digno.

Un juego donde el beneficio para los corredores y los fondos es de más de *cien millones de dólares al año*, todo lo cual debe salir de los bolsillos del público.

¿Esta última declaración le parece extravagante?

Tenga en cuenta que hay mil cien miembros en la Bolsa de Nueva York y mil ochocientos en la Bolsa Consolidada. No todos son miembros activos, sin embargo, muchos de estos hombres usan a un pequeño ejército de empleados y asistentes en sus oficinas.

Tenga en cuenta que el año pasado se compraron y vendieron *143.710.000 participaciones accionarias* que fueron compradas y vendidas en estas dos bolsas, el valor nominal de esas acciones fue de *14.370.000.000 de dólares*. Las comisiones sobre estas transacciones deben haber sido una suma considerable.

Ahora bien, negociar con cien participaciones accionarias de un lado a otro no agrega nada al valor intrínseco o de dividendos de las acciones, porque esas transacciones no agregan nada al poder de la compañía cuyas acciones se están negociando. Pero el corredor ha recibido una comisión en cada operación, y en cada diez operaciones, diez comisiones han salido de los bolsillos de alguien para acabar en los del corredor. ¿De qué bolsillos provienen esas comisiones? No salen de trabajar la tierra, como lo hacen las ganancias recibidas de la producción de trigo, maíz, carbón y oro.

Las comisiones de los corredores de bolsa deben provenir directamente de los bolsillos del público que negocia acciones. Esas comisiones son una buena tajada de dinero, y *el público debe perder lo que ganan los* corredores. Pero esto no es todo lo que el público pierde. Hay tres grupos de personas a tener en cuenta en la negociación de Wall Street: los fondos de inversión, los corredores de bolsa y el público en general. Acabo de demostrar que los corredores deben obtener una suma considerable cada año.

Ahora, ¿cuánto dinero más se quedan los fondos y los iniciados?

No hay una forma de calcular la cantidad que hacen los fondos cada año, al menos hasta donde yo sé. Sé que estos hombres son astutos y exitosos y no están en la bolsa por simple placer. Creo que no estaba lejos de la verdad cuando afirmé que los fondos y los corredores juntos pueden sacar más de cien millones de dólares al año de los bolsillos del público.

Por lo tanto, una cantidad igual a la pérdida anual total causada por los incendios en los Estados Unidos, en lo que respecta al público en general, en el «juego en Wall Street».

¿No es un juego magnífico?

Ninguna lotería en el mundo puede compararse con este juego el mismo día.

Piense completamente estos asuntos. La negociación con acciones no es productiva. El granjero que vende el trigo que cultiva, la carne de los cerdos que cría, o el algodón que recoge, le da al mundo algo tangible por el dinero que recibe. El minero aporta algo a la riqueza real del mundo. El mecánico le da al mundo más poder. El comerciante ha hecho que sea más conveniente para el público obtener los productos de la tierra. El profesional trata de remediar las enfermedades físicas, económicas o espirituales de la humanidad. Todos estos hombres se dedican a negocios completamente legítimos.

Pero el especulador bursátil no aporta nada a la riqueza del mundo. Está involucrado en un simple juego de apuestas. Es simplemente un parásito. Al final, el rudo granjero con sus pantalones metidos en las botas y su ropa remendada, es una figura mucho más noble y un ciudadano infinitamente más útil que los presumidos «reyes de las finanzas» que manipulan el juego en Wall Street.

Y que conste que no tengo ningún prejuicio contra la especulación bursátil ni contra los profesionales que manejan los fondos en general. Simplemente creo que hay que llamar a las cosas por su nombre. Y creo también que es importante que, si usted va a entrar en este juego, entienda cual es la esencia del negocio.

Ahora le diré cómo jugar a este juego, pero antes de hacerlo, tenga en cuenta por un momento lo que significan las pérdidas de Wall Street. Primero, debe considerar sus probabilidades de ganancia o pérdida y lo que esta pérdida significará para usted.

¿Alguna vez se ha parado a pensar cuánta ruina trae este juego a aquellos que pierden cientos de millones de dólares en las bolsas de valores? ¿Cuánta ansiedad y desesperación es para algunos? ¿Cuántas noches sin dormir? ¿Cuántos corazones rotos? ¿Cuántas tumbas de suicidas?

Aquellos que han estudiado el tema saben que hoy día no existe otro lugar en la sociedad donde se puede ver tanto sufrimiento y desesperación como en la especulación de Wall Street o la junta de comercio de Chicago.

Tomemos como ejemplo la ruina causada por la manipulación de las acciones del fondo de Sugar. Si uno pudiera ver las estadísticas para saber cuántos cientos de miles de pobres han sido aplastados bajo las ruedas de su coche, sería simplemente espantoso. Cualquier corredor de bolsa puede decirle los nombres que han perdido todo apostando por los «Fuegos fatuos» del fondo de Sugar Trust. No tengo ningún prejuicio en contra de ellos. Su juego es una pequeña mina de oro para nosotros, ya que nos permite trabajar un sistema con amplio margen de ganancias de forma fácil y segura. Me refiero a este grupo con tanta frecuencia simplemente porque es el grupo líder, el más grande y el más activo.

Los métodos utilizados por los otros fondos son los mismos, y la ruina causada por ellos está en proporción a su tamaño.

Cómo Evitar las Pérdidas

¿Cómo puede el público evitar perder el dinero en Wall Street?

Una buena manera sería que se mantuviera fuera del juego.

Sin embargo, me temo que esto no sirva de advertencia para evitar que el público juegue en Wall Street, y, por lo tanto, la única forma de salvar a los corderos es enseñarles las trampas en este negocio, y algunos de los principios del juego, para que las pérdidas que sufran estos inocentes sean las menores posibles.

Tenga siempre en cuenta, como dije antes, que no estoy en contra de la especulación. Este libro no es una prueba sobre principios morales. Simplemente le estoy dando datos con absoluta frialdad, de modo que, si está dispuesto a operar con acciones sabrá exactamente lo que está haciendo. Debe entender sin rodeos que está entrando en un juego, donde como no sea astuto, su dinero duramente ganado se destinará a los cientos de millones de dólares que se pierden cada año en Wall Street. Y si pierde su dinero, no solo pierde eso, sino que también perderá su salud y su felicidad. No existe ningún otro negocio en el mundo que, gane o pierda, le pueda influir tanto a su alma, mente y cuerpo como lo es la especulación en Wall Street.

¿Quién Participa en este Juego?

O también uno podría preguntarse: ¿Y quién no participa?

Tengo un amigo que tenía una oficina de corretaje bursátil en Washington. Su firma tenía conexiones estrechas con la cámara del Senado. Y me aseguró noblemente que más de la mitad de los senadores, en algún momento, eran clientes de la empresa. Si su afirmación fue verdadera o falsa, no lo sé.

Era común hablar tanto en Wall Street como en los periódicos financieros, que cuando el señor Cleveland fue presidente, especuló bastante con acciones a través de su amigo el corredor Sr. C. E. Benedict. La gran fortuna con la que Sr. C. se retiró de la presidencia se supone que fue creada principalmente gracias a Sr. B. del mercado de acciones. No tengo ninguna opinión sobre este asunto. Sin embargo, creo que tarde o temprano la gente exigirá una ley para evitar que los miembros de la legislatura y del congreso especulen con acciones, por la sencilla razón de que cualquier pregunta importante ante el Congreso tendrá una gran influencia en el precio de la bolsa de valores. Que los fondos y los fideicomisos usan el Congreso y el Senado directa o indirectamente como ayuda en el juego, es algo de lo que no hay lugar a dudas.

Después de una investigación muy amplia y cautelosa, puedo asegurar que más de la mitad de los profesionales de nuestras grandes ciudades compiten en este juego. Y sé que una proporción aún mayor de hombres de negocios también lo hacen. En verdad, nunca he cuestionado a *un hombre en los círculos más selectos de nuestra sociedad que no admita saber algo sobre este juego.*

Es bien conocido que hay más de siete mil «tiendas de cubos» por todo el país, además de diez o quince mil oficinas de corretaje de bolsa fuera de la ciudad de Nueva York, *todas ellas cotizando con los valores publicados en la Bolsa de Nueva York o la Junta de Comercio de Chicago, y en su mayor parte con el apoyo de los hombres de negocios y profesionales de este país.* Por eso ahora podemos preguntarnos: ¿Y quién no participa en este juego?

Ahora bien, si después de considerar todos los hechos anteriores sobre este negocio aún desea participar, primero llamaré su atención sobre ciertos principios generales y luego le daré unas reglas especiales que le ayudaran a jugar este juego con éxito.

PARTE II

SIETE U OCHO CARTAS MARCADAS

Una de las primeras cosas que debe conocer es que solo SIETE U OCHO CARTAS MARCADAS son las que principalmente se usan para jugar a este juego.

Siete u ocho valores de entre más de ciento treinta acciones contribuyen con tres cuartas partes del volumen de operaciones en las bolsas. Es mejor que centre su atención en estas acciones y mantener solo esas cartas en su mano. Estas son las acciones que son manipuladas por los grandes fondos. Y para seleccionar de inmediato las acciones que manejan estos fondos, simplemente eche un vistazo a la columna de «números de valores vendidos» en el informe diario de las revistas o periódicos financieros.

Durante los últimos cinco años, Sugar ha sido la acción líder. Tobacco a veces viene detrás como la segunda más fuerte, y St. Paul es un buen aspirante a tercera; Burlington y Rock Island vienen después. Y también Manhattan, Chicago o People's Gas y Union Pacific. Todas estas acciones constituyen las cartas principales de los fondos hoy en día. Hubo un tiempo en que se utilizaron Atchison, Reading, Lackawanna y Missouri Pacific y otras acciones principales, pero fueron descartadas en su mayor parte y ahora sustituidas por la lista dada anteriormente.

De vez en cuando se pueden tomar nuevas cartas y descartar las viejas, pero durante el transcurso del año solo se usan siete u ocho cartas como triunfos, y el *90 % de las transacciones* se realizarán con estas acciones. Y hacia el final de la campaña, ya sea en el lado alcista o bajista, las acciones restantes se usarán de forma más intensa.

Para tener éxito en el Juego de Wall Street debe estudiar la manipulación de las cartas líderes. Limite solamente sus operaciones a ellas.

Acciones Principales y Secundarias

Por lo tanto, como decíamos antes, hay seis u ocho acciones principales manejadas por los grandes fondos, y el resto las llamaremos acciones secundarias.

¿Se debe negociar con las acciones principales o con las secundarias?

Durante el principio y la primera mitad de las campañas tanto en el mercado alcista como en el bajista, apéguese a las acciones principales. Estas acciones son las primeras en moverse y harán el progreso mucho más rápido hacia arriba o hacia abajo. Son las líderes, las fuerzas de choque más activas tanto en el avance como en el declive, y las otras son las reservas.

Cuando Sugar y los «Grangers» hayan avanzado diez o quince puntos, las acciones secundarias solo subirán tres o cinco. Sin embargo, cuando las líderes estén cerca del techo de mercado, las retrasadas empezarán a subir con el grito de «hurra». Invierta primero en las acciones líderes y luego, con las ganancias obtenidas en ellas, puede hacer un giro con las secundarias más adelante. No invierta en nada que no esté activo y no tenga un gran volumen de transacciones diarias.

Hay también otras acciones que sin ser exactamente secundarias son acciones que se mueven tarde: Missouri Pacific, Louisville, Nashville, y Western Union. Cuando después de una semana de subida, ve que Missouri Pacific de repente se activa y comienza a subir, puede saber al instante que habrá un descanso y una corrección en las acciones líderes, y hacia el final de campaña, ya sea en el lado alcista o bajista, Missouri Pacific se vuelve muy activo y hace un gran movimiento, entonces puede estar seguro de que el final no está muy lejos. Esta es una señal que nunca falla. Missouri Pacific es el batallón de caballería de Virginia del Norte que galopa al frente para cubrir la retirada de las líderes.

Los Fondos

Suelo dar con muchas personas que dudan de la afirmación de que los fondos dirigen y controlan los grandes movimientos en las bolsas. Le demostraré más adelante con gráficos, que los movimientos anuales del mercado de acciones son el resultado de planes secretos, y que la dirección general del precio sigue un curso establecido de entre seis meses a un año de antelación. *Le demostraré que se siguen los mismos planes año tras año*, y que el estudiante metódico puede tener una idea precisa de cuál será la dirección general del mercado durante un período de tiempo.

No puedo asegurar que este estudio le pueda decir exactamente cómo se moverán los precios un día del año en particular, pero aprenderá el objetivo al que apuntan los directores de fondos, y ya que estos hombres controlan enormes capitales y son los financieros más astutos del mundo, puede estar seguro de que su campaña terminará siendo exitosa tarde o temprano.

Una Campaña

Cualquier persona que tenga una visión amplia de la especulación en Wall Street se sorprenderá del gran parecido que tiene cada año el comportamiento de los operadores y el curso de una campaña de guerra dirigida por un gran general. Tomemos una campaña alcista como ejemplo.

Hay al menos dos campañas cada año en Wall Street, una campaña alcista y una campaña bajista. La campaña alcista comienza justo después de que acabé con éxito la campaña bajista. La campaña alcista siempre se inicia cuando los precios están bajos, y cuando la mayoría del público tenga un sentimiento bajista. En esos momentos todas las noticias que circulan por los medios de comunicación parecen facilitar un declive. (Los fondos pueden manipular fácilmente tanto las noticias y periódicos como los precios). Hay guerras o rumores de guerras; complicaciones extrañas en la economía; tipos de interés altos; incertidumbre política y aburrimiento en general del público debido a la poca volatilidad del mercado. Saldrán numerosas nubes en el horizonte financiero. Sin embargo, si uno observa con más detalle las cotizaciones, verá que después de que se hayan mantenido durante algún tiempo estas condiciones, los precios en la bolsa de valores han parado de caer. Fluctúan día a día en un rango estrecho, pero por alguna razón y a pesar de la venta continua en corto de los bajistas crónicos, la caída ha disminuido. Aunque no haya habido ningún avance en el mercado y puede que esto sea por semanas, la campaña alcista ya ha empezado.

En estos momentos, los directores de fondos movilizan sus fuerzas de forma silenciosa y constante. En otras palabras, *están acumulando sus acciones* y guardándolas en sus cajas fuertes.

Estos hombres actúan según el principio de que el momento de comprar acciones es cuando los precios están bajos, y que el momento de vender es cuando los precios están altos. Los fondos compran cuando los tiempos son malos y venden cuando todo se ve bien. *La campaña alcista comienza en la sombra y termina en la gloria*. Empieza en el suelo de mercado y termina en la cima.

Cuando este período de precios bajos que mencioné ha durado dos o tres meses y los fondos han asegurado una gran parte de acciones, todo está preparado para que se inicie la campaña. Una batalla se lleva a cabo entre alcistas y bajistas donde los bajistas son derrotados y finalmente los precios avanzan. Entonces puede haber una retirada momentánea de los alcistas con el objetivo de motivar más ventas en corto para que los fondos puedan seguir acumulando acciones a precios bajos. Y nuevamente se produce un avance, y esta vez va un poco más allá. Entonces el juego gana, los precios suben y bajan, pero en general siguen avanzando.

Finalmente, hacia el final de la campaña, después de cuatro o cinco meses de avance gradual del precio, el avance comienza a ser rápido y continuo, los bajistas se rinden y los precios están en auge, el público, e incluso, los bajistas, están comprando locamente, todas las noticias e indicadores son favorables para la continuación de la subida, *el volumen de transacciones es enorme*, y justo en ese momento termina la campaña alcista.

Tome como ejemplo el curso de los precios en el año 1897. Durante el invierno y el principio de la primavera, St. Paul y Burlington, se estaban vendiendo por menos de 70 y Sugar entre 110 a 112; otras acciones actuaban de manera similar. Eran días oscuros y aburridos y los bajistas parecían tener todo a su favor. Durante tres meses, los precios subieron y bajaron lentamente dentro de un rango estrecho de precios. El entorno general del público era claramente bajista. En ese momento Sugar, que se estaba vendiendo a unos 112 podía llegar a venderse hasta 137 durante el verano. Saqué esta conclusión tras el estudio de los gráficos que reflejan las fluctuaciones del precio de esa acción. Por supuesto se rieron de mí. En mayo empezó el avance y continuó lento pero constante. Los precios subieron y bajaron, pero cada mes se veían un poco más altos. Tomemos como ejemplo los máximos y mínimos de Burlington desde abril a octubre.

	ABRIL	MAYO	JUNIO	JULIO	AGOSTO	SEPTIEMBRE
MÍNIMO	69	72	77	81	87	96
MÁXIMO	78	77	85	89	99	102

A mediados de septiembre, tanto St. Paul como Burlington, se estaban vendiendo a 102, un avance de 30 puntos, y Sugar estaba por encima de 155 (me arriesgo a decir que la misma gente que estaba en el lado corto de Sugar a 112 en primavera, y se rieron de mi predicción, estaban largos en 150 en agosto, y prediciendo que el precio llegaría a 175. En cambio, el precio cayó a 109).

En el otoño pasado cuando los días eran brillantes y toda la gente era alcista fue el final del avance. ¿Por qué?

Porque los fondos que compraron acciones de St. Paul y Burlington alrededor de 70 y Sugar alrededor de 110, cuando las cosas tenían mala pinta, vendieron después de un avance de 30 a 40 puntos cuando todo parecía ir de maravilla. ¿Podría haber alguna explicación mejor para el final repentino de la subida?

Cualesquiera que sean las excusas y los motivos expuestos para controlar las subidas del precio el otoño pasado, la verdadera razón fue que, a principio de la primavera, el fondo mantenía las acciones y el público estaba corto. En el otoño, el público mantuvo las acciones y los fondos tomaron el lado corto del mercado.

El curso de los precios en 1897 no fue una excepción, sino la regla. En 1896, en el «año presidencial» hubo dos campañas distintas alcistas y bajistas. La primera campaña alcista empezó en enero y terminó en junio. La segunda empezó en agosto y terminó en noviembre.

Como regla general, solo hay una campaña alcista y una campaña bajista cada año, y cada una de ellas dura aproximadamente seis meses.

Este es uno de los datos más importantes para recordar si está pensando en embarcarse en el mar tormentoso de la especulación en Wall Street. Y no quiero decir que una campaña empezará y terminará exactamente en las mismas fechas cada año. Simplemente estoy estableciendo principios y reglas generales para que pueda estudiar por su cuenta la filosofía de la especulación.

Consulte los precios históricos de la cotización en la bolsa de valores del último año y medio y lo tendrá más claro.

La primera semana de noviembre de 1896, los precios alcanzaron el máximo. Ahora, en marzo de 1897, después de una caída de seis meses, se arrastraban en el suelo del mercado, balanceándose arriba y abajo, pero sin hacer más declive, e incluso, sin avanzar.

En abril de 1897, los precios empezaron a subir sigilosamente. ¿Cuándo llegaron a la cima? A mediados de septiembre o alrededor de seis meses después. A partir de ese momento, los precios disminuyeron y en febrero de 1898, después de otro período de seis meses, tocaron suelo y se arrastraron hasta finales de abril. En el presente escrito, en mayo de 1898, han empezado un avance que debería culminar en septiembre u octubre de este año. Dejando de lado el año 1896, que, debido a que era un año presidencial, tenía dos campañas distintas, descubrirá que los precios en la bolsa de valores han experimentado movimientos similares a los mencionados anteriormente cada año durante los últimos veinte años.

Un examen del curso de los precios durante los últimos cuatro años, empezando después del pánico de 1893, mostrará lo siguiente:

1894 – Suelo en marzo, techo en agosto.

1895 – Suelo en marzo, techo en septiembre.

1896 – Dos campañas distintas. Campaña número uno: suelo en enero, techo en junio. Campaña número dos: suelo en agosto, techo en noviembre.

1897 – Suelo en abril, techo en septiembre.

1898 – Suelo en marzo, techo...

Por todo lo anterior, verá que todas estas campañas, excepto las dos de 1896, duraron alrededor de seis meses.

Tenga en cuenta, como dijimos antes, que no puede establecer una regla muy rígida. Y en toda regla siempre suele haber alguna excepción hasta cierto punto. Pero si estudia cuidadosamente las siguientes páginas y en especial *los máximos y mínimos del precio junto al volumen de transacciones*, obtendrá ideas que lo ayudarán a decidir la tendencia del mercado para que sepa cuándo mantenerse alejado del juego, y cuándo tomar el lado alcista o bajista.

Le daré una pista ahora, basada en lo expuesto anteriormente.

Pista Número 1

Después de que los precios hayan caído durante cuatro o cinco meses y se hayan detenido, simplemente moviéndose arriba y abajo dentro de un rango estrecho de precios, *no se sienta tentado a tomar el lado bajista del mercado*. Todo se verá mal en ese momento. Los periódicos y corredores serán bajistas. Habrá muchas razones aparentes por las cuales las acciones siguen cayendo, pero *no venda*.

En este crítico momento los fondos están acumulando acciones y su objetivo es comprar sin que los precios suban. Compran silenciosa y astutamente. Los tipos de interés altos no los desmotiva, ya que pueden pagar por sus acciones y guardarlas el tiempo que necesiten. Cuanto peor sea el escenario, más venderán los bajistas y más barato comprarán los fondos las acciones. Después de dos o tres meses de negociaciones, los fondos decidirán lanzar la campaña y entonces empezará la subida del precio.

¿Cómo sabrá cuando el avance haya empezado? Esta pregunta será respondida ahora y es la pista número dos.

Pista Número 2

Después de que el mercado haya continuado durante algún tiempo de la forma mencionada anteriormente, *vendrá un día o dos de estancamiento casi completo del mercado.* Tal vez solo se negocien cincuenta o sesenta mil participaciones accionarias. Todo el mundo hablará del «aburrimiento de la bolsa de valores». *Entonces puede comprar acciones con total seguridad y mantenerlas para una buena subida.*

El 27 de abril de este año 1898, la bolsa de valores se quedó sin apenas actividad, ya que solo 72.000 participaciones accionarias se negociaron en la Bolsa de Nueva York, y la mitad de esa cantidad en la Bolsa Consolidada.

Entonces dije que el avance empezaría en unos días y le aconsejé a mis amigos que compraran acciones para mantenerlas. En dos días, el avance estaba en marcha, y en una semana, la media de transacciones en la Bolsa de Nueva York, ascendieron a trescientas o cuatrocientas mil participaciones por día.

Durante varias semanas antes, el precio de St. Paul había estado subiendo y bajando entre 84 y 87. El día 27 seguía siendo 85 Al día siguiente abrió a los 85 y empezó a elevarse. El 9 de mayo, el precio de St. Paul era 96 y 71.000 participaciones de este valor se negociaron ese día.

En diez días hábiles, el precio de esta acción había avanzado once puntos. En el mismo período de tiempo, Sugar avanzó dieciocho puntos, Rock Island dieciséis puntos, Burlington y Quincy doce puntos.

Algunas personas dirán: «Oh, este avance fue debido a una causa especial, la victoria del almirante Dewey en Manila». La *rapidez* del avance fue debido a esta causa, pero no al avance en sí mismo. La verdadera causa fue que los fondos habían estado comprando las acciones durante dos meses y estaban listos para hacer avanzar los precios.

El mismo fenómeno, es decir, un período más o menos de estancamiento de los precios, luego un día o dos de aburrimiento y *paralización casi total*, ha precedido a cada campaña alcista durante los últimos diez años, que yo sepa.

La explicación de este fenómeno es bastante simple. Como hemos dicho, los fondos han estado comprando acciones y los bajistas vendiéndolas durante semanas. Finalmente, los bajistas se cansaron de vender acciones. Cuando se detienen no hay más transacciones. Por supuesto, luego viene el estancamiento, seguido del mercado alcista.

Pista Número 3

Si es importante saber cuándo entrar en el mercado por el lado alcista, es igual de importante saber cuándo salir y tomar posición en el lado bajista.

He insinuado esto en la explicación de que «una campaña alcista comienza en la oscuridad y termina en la gloria». Con ello me refiero a que la campaña alcista termina cuando los precios estén subiendo rápidamente, y el volumen de transacciones diarias es enorme. El volumen debería ponernos en guardia.

Cinco o seis meses más tarde desde el momento en que las acciones estaban en su punto más bajo, después de que ha habido un buen avance y el mercado alcista está en marcha con gran entusiasmo, vendrán *tres días de un avance rápido y un volumen enorme de contratos.*

El clamor universal será: «Ahora tenemos un mercado alcista imparable», y habrá una verdadera lucha por las acciones, que marcará la culminación de la campaña. Las pirámides de acciones que se han construido en el lado alcista están listas para derrumbarse y la caída será terrible. Recuerde que este consejo solo se aplica si la campaña alcista ha durado cinco o seis meses después de que los precios iniciaron desde el suelo de mercado. En esos momentos, cierre sus posiciones y váyase de vacaciones para pensar con racionalidad. Si se queda cerca de la escena, acabará hipnotizado por el entusiasmo y tentado a hacer una entrada más en el lado alcista.

Ahora, para ilustrar la verdad de la pista número uno y tres en las estadísticas, lea de nuevo esas pistas y luego considere los siguientes hechos.

Dos meses antes de que empezara la campaña alcista de 1897, entre los meses de marzo y abril, había en números redondos ocho millones de participaciones accionarias negociadas en la Bolsa de Nueva York. Esto fue en un momento en que los precios eran bajos y los fondos estaban acumulando acciones silenciosamente.

Seis meses después, las transacciones de esta misma bolsa durante los meses de agosto y septiembre ascendieron a unos veinticinco millones de participaciones, con un valor nominal de 2.500.000.000 de dólares.

Esto fue en un momento en que los precios eran altos, y el público estaba obligado a quitar las acciones de las manos de los fondos tras un avance de veinte a cuarenta puntos.

Acumulación-Distribución

Toda la filosofía del juego de Wall Street se resume en esas dos palabras.

Los fondos primero acumulan acciones. Ya hemos explicado antes cuándo y cómo lo hacen.

Una vez acumuladas suficientes acciones, deben mantener y manipular gradualmente los precios al alza. No pueden transferir las acciones al público de repente porque los precios caerían antes de que pudieran vender sus acciones. *La distribución lleva un mes o dos después de que los precios hayan subido cerca de la cima* para conseguir que el público quite las acciones de las manos de los fondos. El público tiene que ser estimulado a comprar de todas las maneras y medios conocidos por los gerentes astutos de fondos.

Por regla general, el público tiene más dinero y, por consiguiente, más ganas de comprar en *otoño* que en primavera, y, por lo tanto, como regla, *la campaña alcista comienza en primavera y termina en otoño*, cuando el público está más motivado a comprar acciones.

Como dije antes, los fondos después de acumular las acciones deben subir los precios y *mantenerlos* hasta que puedan salir del mercado.

Deben usar la publicidad financiera de la prensa, los boletines del mercado, los informes de sectores agrícolas y de la economía en general, todos los artificios que puedan poner una perspectiva brillante ante el público. Entonces, los fondos pueden distribuir sus acciones. Y una vez que esta distribución se ha llevado a cabo, nada puede evitar que los precios se desplomen. El aumento de las ganancias de los ferrocarriles y los informes brillantes de las cosechas todavía se publican. Lentamente al principio, pero con seguridad, la marea se retirará.

Alterar un tiempo las noticias y los informes que antes de ese momento eran de color de rosa, ahora parecen ser un poco dudosas. Se introducirán en el Congreso proyectos de ley que amenazan con interferir en el tráfico ferroviario o en desestabilizar la moneda. Estos proyectos de ley son introducidos por los agentes de fondos y no se espera que se aprueben. Sin embargo, tienen el efecto deseado. La publicidad financiera de los fondos se usa en este momento para difundir la desconfianza en cuanto al futuro del mercado. Las columnas financieras de la prensa diaria también reflejan, a modo de espejo, estas opiniones; y así, después de algunos meses los precios bajarán hasta el punto donde los fondos puedan empezar de nuevo a reacumular acciones.

Un movimiento como este *debe tener lugar cada año por necesidad*. Si el mercado siguiera avanzando todo el tiempo los precios estarían en un año o dos fuera del alcance de los fondos. Los precios *deben* bajar para que los fondos puedan comprar de nuevo a un precio más rentable.

No quiero decir con ello que los precios tienen que volver a bajar a los puntos más bajos del año anterior. Desde 1893, la mayoría de las acciones en las compañías han estado y siguen estando al alza. Cada año se ve tanto el punto bajo como el punto más alto que los del año anterior. Esto es especialmente cierto en el caso de la acción de Sugar, como se verá en la siguiente tabla:

	MÍNIMO	MÁXIMO
1894	75$ en Febrero	114$ en Agosto
1895	86$ Enero	121$ en Junio
1896	1ª Campaña 79$ en Enero	1ª Campaña 125$ en Junio
1896	2ª Campaña 95$ en Agosto	2ª Campaña 125$ en Noviembre
1897	110$ en Abril	159$ en Septiembre

Todo el país ha estado al alza desde 1893, y los fondos han aprovechado ese hecho para organizar los planes de sus campañas.

El punto más bajo alcanzado no es la acumulación, o el precio al que los fondos compran la mayor parte de sus acciones. En la última pausa, cuando los fondos bajan el precio de las acciones hasta donde pueden permitirse el lujo de acumularlas, este declive momentáneo puede llevar los precios por debajo del precio de compra.

Y en la última subida, al final de la campaña alcista, el precio es llevado temporalmente por encima del punto de distribución. Esto lo verá si analiza los gráficos en la sección de «fluctuaciones».

Acumulación y Distribución

El proceso de acumulación y distribución es la clave de los movimientos del precio en las bolsas de valores. Y una vez que tenga claro este punto en su mente todos los misterios le serán revelados. El juego de Wall Street es un JUEGO DE LA NATURALEZA HUMANA.

Los gerentes de fondos son hombres que estudian las cosechas y la política nacional y extranjera, así como la legislación y las finanzas. Saben cuándo es el momento de empezar una campaña alcista o bajista, y cuándo pueden terminarla. Saben cuándo las condiciones naturales justifican un movimiento prolongado, y cuándo solo aceptaran uno moderado, y fijan sus planes en consecuencia. Miran a largo plazo; estudian todos estos hechos, pero especialmente estudian la naturaleza humana. *Juegan con las esperanzas y temores del público a través de sus agentes de prensa, en las bolsas y en las cámaras legislativas, como el organista que toca su instrumento.* No es un juego difícil para ellos ganar con los medios que tienen a su disposición. Las cartas que usan están marcadas y apiladas, por lo que no se arriesgan. Pueden y deben usar la misma táctica de manera inmensa cada año porque los principios del juego deben ser siempre los mismos: *Acumulación y Distribución*. Además, no hay mucha necesidad de que cambien sus planes y trampas, ya que el público especulador es tan miope que pueden utilizar el mismo cebo año tras año. En una página posterior le daré un diagrama titulado «Las trampas de Sugar», que ilustrará este punto.

Ahora que ha comprendido los principios básicos del juego, le daré algunos consejos prácticos que le permitirán jugar a este juego de la manera más segura posible.

La Especulación: Un Estudio Científico

No debe jugar a este juego al azar. Pero si al final decide jugar, debe estudiarlo con el mismo cuidado que el experto jugador de *whist* lo hace con las reglas de ese juego de naipes. Debe mantener un registro gráfico de los movimientos del precio de las acciones principales, aquellas cuyos volúmenes de transacciones diarias son los más grandes, de la manera mencionada e ilustrada más adelante en este libro. Estos registros del precio le dirán lo que el fondo de cualquier acción está haciendo en particular. Si «las acciones hablan más fuerte que las palabras», la fluctuación del precio son los actos de los fondos.

Los gerentes de fondos, por regla general, no hacen revelaciones al público. Personalmente no creíamos en ninguna declaración que pudieran hacer sobre el curso de los precios, simplemente porque tenemos una gran opinión sobre la astucia de estos hombres. Y aunque a veces nos pueden dar algún «consejo» verdadero, aquellos que los reciben y se benefician de ellos una, dos o tres veces, al final se verán perjudicados. Los «pronósticos» para comprar acciones serán rentables al principio o a la mitad de la campaña alcista, pero *serán extremadamente peligrosos al final*, pues la intención es ayudar a los fondos a descargar sus acciones sobre el público, y entonces todos aquellos que han estado siguiendo los «pronósticos» al comienzo, perderán todo el capital invertido al final de la campaña. El hecho de que los primeros «pronósticos» fueran buenos, es lo que le dará la confianza para «sumergirse» en el último «pronóstico» fatal.

En cuanto al tema de los consejos, queremos decir que no tenemos ninguna confianza en los pronosticadores que por diez o veinte dólares a la semana le dirán los nombres de las acciones que van a subir o bajar diez o veinte puntos.

Todo esto es absurdo. Si saben tanto, ¿por qué no se dedican a operar ellos mismos y hacen su propia fortuna? Solo se trata de una suposición por su parte, mientras que usted se arriesga en la operativa y paga por una simple adivinanza. Además, sé que estos pronosticadores son a menudo utilizados por los fondos. Los fondos les dan al principio ciertos «consejos» verdaderos, solo para poder usarlos para engañar al público al final.

Pero si, como hemos dicho, mantiene un registro exacto de las fluctuaciones de los precios en un gráfico, y recuerda que las fluctuaciones no son debidas al azar, sino que *son el resultado de un plan perfectamente diseñado*, tendrá una idea bastante buena de lo que están haciendo los fondos. Estos gráficos son pruebas circunstanciales. Ahora bien, si actúa con los fondos, independientemente de lo que está haciendo o diciendo el público en general, estará en el lado adecuado del mercado.

Si le parece demasiado difícil analizar gráficos y estudiar este tema, entonces no tiene nada que hacer en este juego. Para tener éxito en cualquier negocio o profesión se requiere estudio, tiempo y paciencia, pero parece ser que la creencia general es que cualquiera puede lanzarse en la especulación con acciones y hacer una fortuna rápidamente.

Deténgase y piénselo por un minuto.

Si esta teoría fuera cierta, si los aficionados pudieran ganar como norma, o si incluso la mitad de ellos lo hiciera, no habría ningún juego en Wall Street en dos años. Si la mayoría del público sacara más dinero en Wall Street del que trajo, ¿quién pagaría los gastos del juego? Alguien tiene que perder, y si fueran los corredores y los fondos, dejarían el juego tras una o dos temporadas. Si no quiere ser uno de los perdedores, entonces debe ser más inteligente que su vecino o el resto del público. Debe mirar más allá. Debe entrar al mercado cuando la mayoría piense que los precios van a seguir bajando, y debe salir cuando piense que el mercado va a seguir subiendo.

Recuerde que cada vez que vende cien acciones de un valor, debe haber alguna persona con el objetivo y esperanza de comprarlas. La cámara de compensación no compra sus acciones, ni tampoco crea el mercado. Cuando compra cien acciones, no las compra por sus dividendos, ni para dejárselas a sus nietos, sino para venderlas de nuevo en un avance del precio. La persona que le compra espera que el precio suba, ya que nadie comprará si piensa que el precio va a caer. Ahora bien, si espera deshacerse de sus acciones *debe vender cuando el público quiera comprar*. Si aguanta hasta que el precio suba, y el público en general piensa como usted, nadie será tan tonto como para comprar sus acciones. Los precios no pueden subir todo el tiempo. De hecho, los gráficos de las cotizaciones muestran que a lo largo del año el precio baja tanto como sube. Y alguien debe quedarse con sus acciones compradas a los precios más caros cada año. Asegúrese de que no sea usted. Este es un juego de «mendiga a su vecino». En Wall Street es usted contra su vecino, donde sea y quien sea, y debe vencerlo para ganar. Esta es la cruda verdad de este juego, y si tiene algún reparo sentimental contra este juego, es mejor que se mantenga alejado de Wall Street.

Pánicos

El único miedo que atormenta la mente del operador aficionado de Wall Street es el pánico. No estaría nada mal decir unas cuantas palabras sobre este punto.

Un verdadero y profundo pánico solo aparece una vez cada veinte años. Ejemplos: 1837, 1857, 1873, 1893. Después de un pánico como el de 1893, habrá dos o tres años de incertidumbre y luego la confianza se restaurará y el barómetro financiero empezará a subir. Entre cada gran pánico suele haber unos dos ciclos más pequeños, o períodos distintos de prosperidad, seguidos de depresión. Un período de prosperidad y de avance de los precios dura unos tres años. Luego el péndulo oscila en sentido contrario y los precios empiezan a disminuir gradualmente durante cuatro o cinco años.

Ahora estamos en una era radiante de felicidad y avance de los precios, que empezó en la primavera de 1897. El punto máximo del precio de las acciones en las bolsas será más alto cada año que el punto máximo anterior hasta que los precios alcancen máximos históricos, probablemente en 1899.

El siguiente gráfico nos da una idea muy buena del retroceso y avance de la prosperidad.

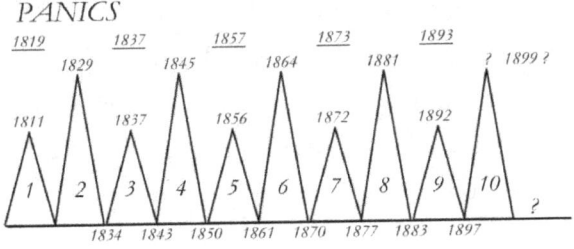

Notará que los grandes años de pánico empezaron cada uno después de llegar a la cima en una gran subida (N.º 1, 3, 5, 7, 9). También se dará cuenta de que el período de prosperidad que siguió a un pánico alcanzó un nivel más alto que el período de prosperidad anterior (N.º 2, 4, 6, 8, 10). También observará que este período no fue seguido de un verdadero pánico sino por un leve descenso, mientras que el segundo período de prosperidad precedió al pánico.

La historia se repetirá mientras la naturaleza humana siga siendo igual. El pánico es una enfermedad de la mente que la sufre el operador aficionado. Había tanto sol y lluvia, buenas tierras y cosechas, muchísimo dinero, y más o menos los mismos hombres y mujeres, en este país en los años 1893, 1894 y 1895 como en los tres años anteriores al pánico. La condición de la naturaleza no había cambiado, el cambio estaba en la mente del público.

La gente miope achaca los pánicos a alguna causa en particular, como las leyes tributarias, el Clevelandismo, el oro y la plata, o la agitación del libre comercio.

Pero la causa se encuentra en lo más profundo, pues lo anterior es solo la espuma de la ola. La verdadera razón de los pánicos está en el carácter de la mente americana; la tendencia a precipitarse ante los acontecimientos; llevar la prosperidad a la inflación, y la inflación a lo que se llama «burbuja económica».

Luego viene el inevitable colapso de la burbuja de jabón con diferentes tonalidades en forma de pánico.

No habrá ningún pánico en el mundo de los negocios, ni siquiera en los pequeños, durante varios años a partir de esta fecha, y no habrá grandes pánicos por lo menos en quince o veinte años.

Pánicos en la Bolsa de Valores

Durante muchos años no tiene que haber pánicos en la bolsa de valores, excepto los creados artificialmente. *Pero cada año, cuando los fondos quieran acumular acciones de nuevo, se despertará una sensación de pánico artificial.*

Tomemos como ejemplo el año actual, donde hubo pánico entre los especuladores por el estallido de la guerra hispanoamericana. ¿Había alguna razón para ello? ¿Alguien en su sano juicio podía creer que una guerra así dañaría a este país? ¿El pánico se extendió a cualquier otro ámbito de negocios que no sea el mercado de acciones? No oí en ese momento que hubiera pánico entre los poseedores de bienes raíces del estado de Nueva York, o los dueños de acciones bancarias.

Pero los precios de las acciones, los buenos dividendos de las acciones ferroviarias, cayeron como si el país estuviera al borde de la ruina. Lo que demostró que se trataba de un pánico artificial que fue el hecho de que los precios empezaron a avanzar tan pronto como se declaró la guerra y han estado avanzando constantemente mientras la guerra continúa.

En las bolsas de valores no cunde el pánico, excepto cuando los fondos están fuera del mercado. Cuando los fondos tienen las acciones bien guardadas no puede haber ningún pánico. Las acciones son tan firmes como los bienes raíces. Y pese a que lo dicho anteriormente es solo nuestra teoría, los hechos parecen coincidir con ella.

Cuando se inicia la campaña alcista estará a salvo de los pánicos si se mantiene en el lado alcista del mercado con un buen margen. Pero si está negociando acciones con un margen pequeño, estará expuesto a los pánicos todos los días.

Y cuando los fondos comiencen a vender todas sus acciones, debería ir pensando en tomar posiciones en el lado corto y en ese caso no debe temer los pánicos, sino más bien darles la bienvenida.

En cada gran caída del precio en las bolsas, hemos notado que no ha llegado hasta después de una gran subida.

Damos nuestra teoría por lo que vale. En lo que respecta al análisis del precio, es correcta. Aunque no sabemos lo que nos puede traer el futuro, entendemos que la naturaleza humana no cambia de siglo en siglo.

Fluctuaciones

El estudio de las fluctuaciones o registro gráfico de las variaciones diarias del precio de las acciones, nos da la clave para comprender todo este negocio.

Elige cualquiera de las acciones principales y notará que el precio al que se vende la acción ha cambiado cientos de veces al día durante todo el año. Ahora, en cambio, el valor intrínseco o de dividendo de estas mismas acciones ha sido igual durante años.

Sugar Common es un ejemplo notable.

Esta acción ha pagado su dividendo del 3 % en cada trimestre desde el comienzo de 1894 con tanta constancia como suceden en las estaciones. El valor real o de dividendo *no ha cambiado ni un dólar por participación durante cuatro años.* Pero el precio de venta en las bolsas no ha sido tan constante. El precio de las ventas reales varía cada hora del año a través de un promedio de más de cien dólares por cada cien acciones de un valor, o 3.700.000 dólares por hora. En 1897 las acciones de Sugar se vendieron a 110 $ por participación en primavera. Unos meses más tarde a 159 $, luego a 110 $ otra vez. Este último precio fue en la primavera de 1898. Sin embargo, durante los doce meses de continuos cambios de precios, fueron las mismas acciones de Sugar las que iban obteniendo beneficios y pagando sus dividendos de forma regular, y realmente merecía la pena tener estas acciones tanto en un momento como en otro.

Entre estos dos extremos, ¿cuántas fluctuaciones en el precio cree que se han realizado? ¿Fueron una cuestión de azar o había un plan perfectamente diseñado?

Aunque la gran mayoría de las pequeñas variaciones son sin duda debidas a las luchas de los tres mil corredores que operan en ambas bolsas (la Bolsa de Nueva York y la Bolsa Consolidada) para obtener un beneficio mutuo en las cambiantes cotizaciones, cuando tiene una visión amplia de estos cambios verá que una mano maestra, o más bien la mente, controlaba las fluctuaciones y conducía el precio a través del aparente caos a un fin predeterminado.

Si sabe algo sobre el fondo de Sugar Trust sabe que los iniciados tenían en su poder subir el precio de 110 a 159 en seis días en lugar de tardar seis meses en hacerlo, como exactamente hicieron. Pero la gente del fideicomiso de Sugar Trust no nació ayer. Sr. Havemeyer y sus amigos prefieren ordeñar su vaca (el público) antes que matarla. Manipulando el mercado de acciones con cuidado y paciencia, no solo obtienen sus dividendos regulares del 12 % anual, sobre el azúcar refinado, sino que también sacan el 200 % anual de los bolsillos del público especulador.

Siete u Ocho Cartas Marcadas

En los siguientes tres gráficos de la acción de Sugar verá lo que las constantes fluctuaciones del precio significan para las acciones principales.

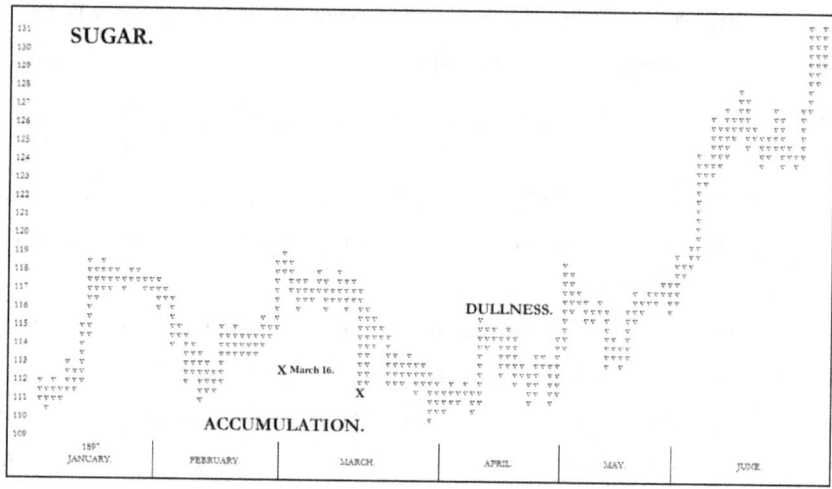

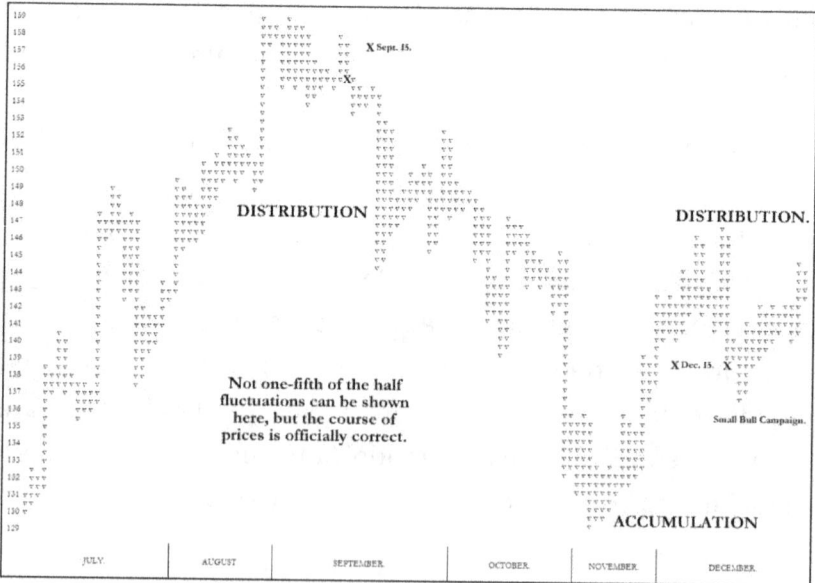

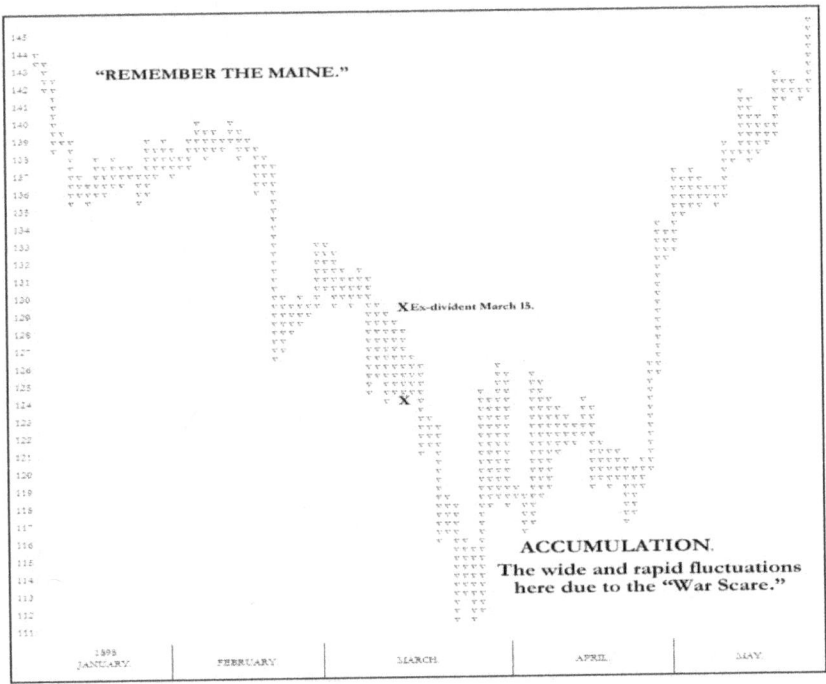

Estas fluctuaciones son el humo y el polvo de la batalla que esconde los planes de los gerentes en el alboroto de la lucha. Vuelva al gráfico anterior de las fluctuaciones del precio de medio punto de Sugar, y vea si he falseado o juzgado mal el fondo de Sugar Trust y sus métodos. Vea que hay cientos de fluctuaciones cercanas a un cierto punto bajo. *Cuanto mayor sea el número de fluctuaciones cerca del suelo, mayor serán los precios.*

Como se muestra en las fluctuaciones de la cotización, todos los movimientos de fondos son similares a los del fondo de Sugar Trust. El estudio de las fluctuaciones del precio de St. Paul y Burlington es también muy interesante, y por ello a continuación le mostramos tres gráficos más de cada acción.

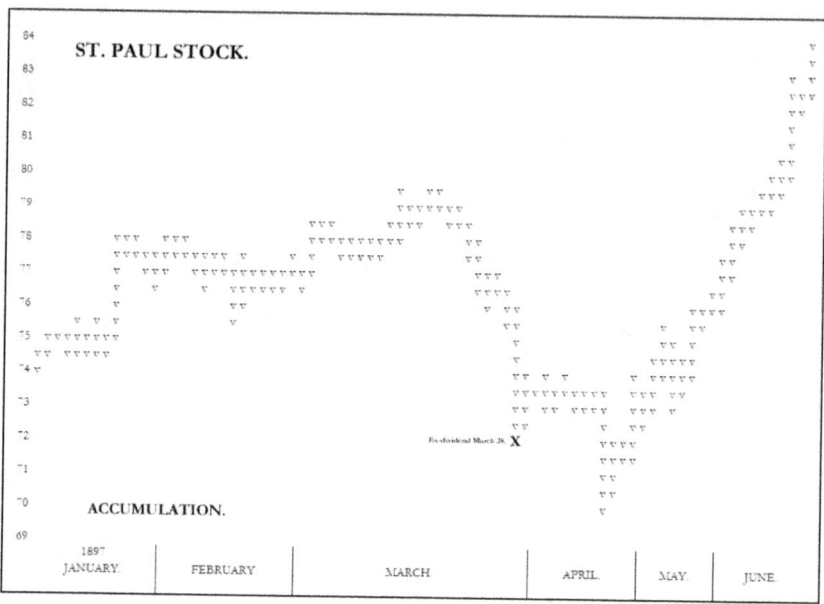

EL JUEGO DE WALL STREET, Y CÓMO JUGARLO CON ÉXITO

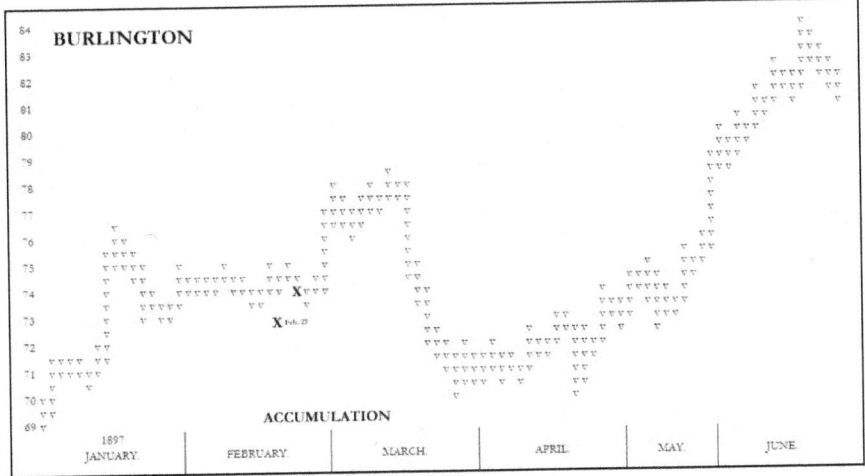

Siete u Ocho Cartas Marcadas

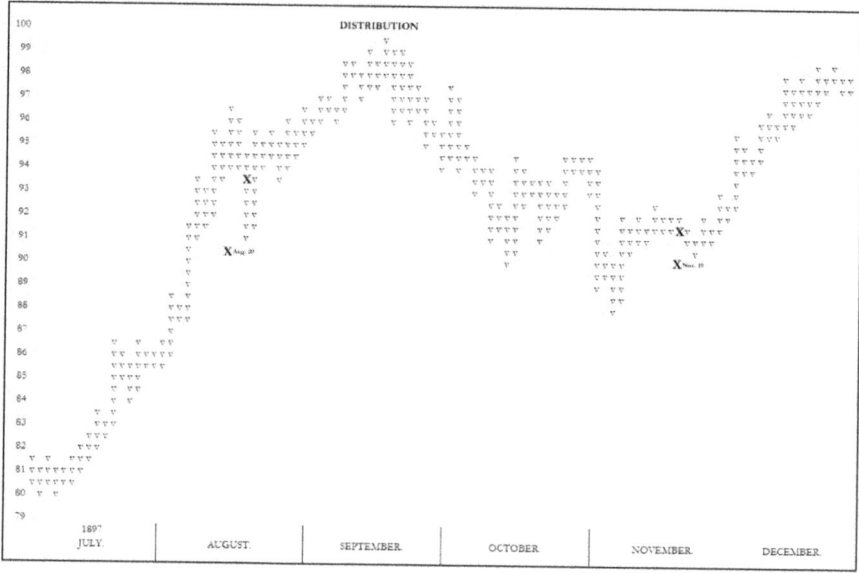

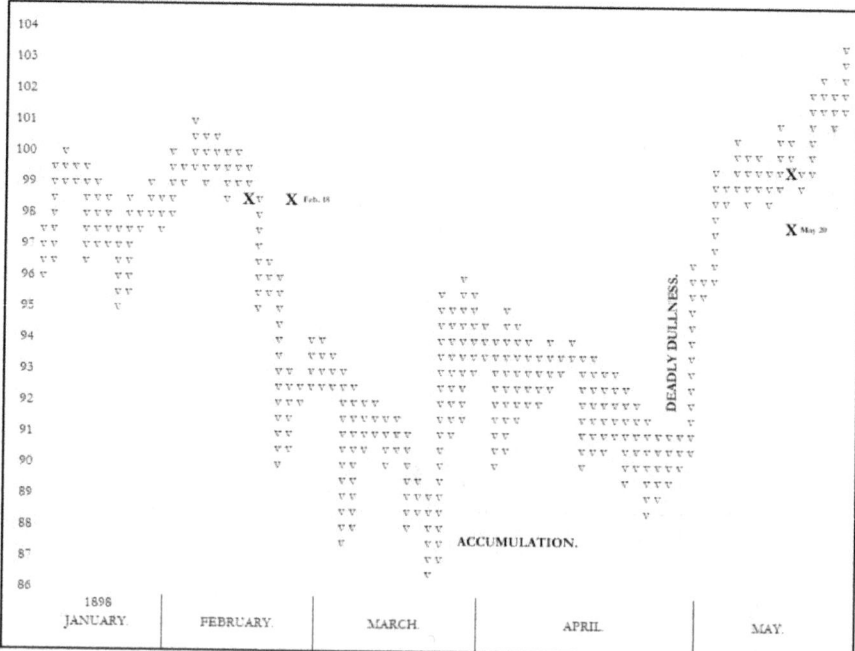

Sistemas de Especulación

De vez en cuando se anuncian muchos «sistemas de especulación seguros» para jugar en Wall Street.

La mayoría de estos sistemas, si no todos, parecen ser bastante eficaces hasta que los analiza con más detalle. Entonces, descubrirá que tienen una gran debilidad.

Todo sistema especulativo, para que se le pueda dar un nombre digno, debería de ser absolutamente automático y maquinal, es decir, quien lo ejecute no debería tener ninguna opinión sobre el mercado, o al menos no debería dejar que su opinión influyera en sus operaciones. Si se guía por sus opiniones sobre el curso futuro del mercado, dejará de seguir un sistema y se guiará por su propio juicio. De nuevo, un sistema para ser seguro, debe de ser seguro en todo momento y ante cualquier emergencia. «Una cadena es tan fuerte como su eslabón más débil». Si va a seguir un sistema, debe ser absolutamente seguro para que uno pueda invertir su último dólar si fuera necesario, sin ningún miedo a perderlo.

Después de un estudio bastante cuidadoso de los diferentes sistemas, somos de la opinión de que a menos que se tenga un capital casi ilimitado, todo sistema llega a un punto en el que a veces fallará y acabará perdiendo mucho dinero, salvo que use algún tipo de juicio para dirigirlo y administrarlo. En otras palabras, ningún sistema se debe confiar al hombre que solo tiene un capital moderado.

En nuestra opinión, un sistema debe ser el motor que haga un cierto trabajo y lo haga de manera económica y segura. *Pero el motor requiere de un ingeniero, o al menos de una inteligencia, para ponerlo en marcha en la dirección correcta y detenerlo en el momento oportuno*. Alguien que sepa cuándo ponerlo hacia delante y cuándo hacia atrás. Así sucede con los sistemas especulativos en Wall Street. Creemos que todo aficionado debe seguir hasta cierto punto alguna clase de «sistema» de trading, pero debe usar su propio juicio para dirigirlo. Es decir, *el sistema y el cerebro deben de estar unidos*.

Sin duda hay sistemas realmente buenos si se manejan correctamente. Una vez un irlandés nos pidió un consejo para salir de una situación difícil. Le dijimos que había dos o tres planes entre los cuales le podíamos revelar. Rápido como un rayo nos dijo:

«Primero, prueben con el *mejor* sistema, y si funciona, no necesitaré el resto».

Así que de entre todos los sistemas, discutiremos el «sistema de escalado simple» que además de ser nuestra preferencia, creemos que es el mejor para los aficionados. El sistema de escalado simplemente significa comprar o vender un cierto número de participaciones accionarias en cada punto o medio punto arriba o abajo a medida que los precios avanzan o retroceden, y luego coger beneficios en cada transacción individual cuando se muestran ganancias. Explicaremos esto con más detalle en una página posterior. Ahora tiene que saber los peligros que hay cuando confía plenamente en un sistema sin usar su cerebro.

Supongamos que el operador A dice: «Compraré cien participaciones de St. Paul en cada punto arriba o abajo de un cierto precio, y venderé un lote cada vez que el precio avance un punto y cuarto, para obtener una ganancia de 100 dólares en cada transacción. Después de que se vendan las cien participaciones accionarias, si el precio retrocede al punto de compra original, compraré de nuevo».

Si supuestamente empezó este sistema el otoño pasado en septiembre, y compró sus primeras cien participaciones a la par; compró otras cien a 101, vendió las primeras a 101,25, y cuando el precio llegó a 102 compró otras cien. Entonces, si mira los registros de la cotización, verá que los precios bajaron. Compró a la par de nuevo, a 99, 98, y así sucesivamente hasta 96. Luego, el precio avanza y vende lotes cada vez que el precio muestre un punto y un cuarto de ganancia y así, tuvo una buena ganancia. Pero el precio vuelve a bajar y sigue bajando hasta que el 15 de marzo tenía en su poder 1.600 participaciones de St. Paul, algunas compradas a 102. En este momento tendrá que poner en su corredor un margen de 28.000 $ a 30.000 $ para proteger estas posiciones. Mientras tanto, por supuesto que obtuvo muchos cientos de dólares de ganancia. Cuando St. Paul vuelva a la siguiente campaña alcista, todas sus compras realizadas en el descenso le darán unas espléndidas ganancias.

Pero hay dos puntos a considerar aquí.

Imagina que su corredor quiebra cuando el mercado está aún en el suelo. ¿Qué pasa entonces con su oportunidad de recuperar sus 28.000 dólares? Imagina también que el mercado sigue bajando o que St. Paul suspendiera el pago de dividendos por un tiempo como lo hizo Missouri Pacific, cuando vendía a 84, y como Missouri Pacific termina cotizando a 10 $ por participación; ¿cuánto margen se habría requerido en ese caso? Esta es la debilidad del sistema de escalado, o de cualquier otro sistema que funcione, de forma automática y sin utilizar la inteligencia.

Por otro lado, supongamos que el operador A hubiera empezado a comprar St. Paul en el «sistema de escalado» en la primavera de 1897, en lugar de hacerlo en otoño, cuando el precio rondaba los 70 y la campaña alcista apenas empezaba. Si hubiera comprado sus cien participaciones de St. Paul a 70 y otra vez a 71 y así sucesivamente, aprovechando las fluctuaciones para reacumular las participaciones vendidas en las caídas, en otoño habría tenido unos 30.000 dólares de beneficio. Por lo tanto, si el sistema hubiera empezado bien, habría sido seguro y rentable en todo momento hasta que finalice la campaña alcista. Aun así, habiendo trabajado este «sistema de escalado» en el lado largo del mercado durante la campaña alcista, al final de ese tiempo si hubiera podido revertir el sistema, y empezar a vender en corto cada punto hacia arriba o hacia abajo hasta la primavera de 1898, habría tenido otros 25.000 dólares de ganancia, y estaría seguro en todo momento de su inversión.

Este llamado «sistema de escalado» que tiene un *cerebro para dirigirlo*, es el plan más seguro y favorable que el operador aficionado puede seguir, si solo tiene un capital moderado con el que trabajar, y sin dudarlo se lo recomendaría y aconsejaría. Siempre que conozca la tendencia general del mercado y la acompañe, no tiene que temer ninguna subida o bajada al principio si tiene un margen de capital suficiente.

Vamos a hacer que este sistema sea tan claro que hasta un niño pueda entenderlo.

El primer requisito es seleccionar una o dos de las mejores acciones que paguen dividendos y que estén activas, es decir, una o dos de las acciones principales.

Lo esencial es determinar primero si está en marcha una campaña alcista o bajista, para saber si se inicia el sistema en el lado largo o corto del mercado.

En las páginas anteriores hemos intentado darle sugerencias para determinar en qué dirección se moverá el mercado. Una vez establecido este punto en su mente ponga todas las órdenes en su corredor.

Supongamos que empezó el «sistema de escalado» en el lado alcista del mercado en Rock Island en abril de 1897.

Le envía una orden a su corredor como la siguiente:

«Comprar diez acciones de Rock Island a mercado (digamos 65) y diez más cada punto arriba o abajo del precio original. Mantén solo un lote a la vez en cualquier cotización en particular».

«Vender cada lote comprado en el momento en que haya avanzado un punto y medio. Comprar de nuevo al precio original de cualquier lote que se haya vendido antes. Continuar con este plan hasta nuevas órdenes».

Ahora bien, este pedido es muy completo y cubre todas las situaciones. Su corredor compra diez participaciones a 65. El precio avanza y compra diez más a 66. Luego el precio baja y compra diez más a 64. Como ya tenía un lote de diez participaciones a 65, no vuelve a comprar a ese precio. El corredor compra diez participaciones más a 63. Ahora el precio avanza hasta 65. Vende el lote comprado a 63 a un punto y medio de beneficio. Recuerde que cada compra *debe ser tratada por sí misma como si fuera el único lote de acciones que tuviera en el mercado*. Ahora el mercado vuelve a bajar, compra diez participaciones por segunda vez a 63 y diez más a 62. Entonces el mercado se gira y avanza hasta 66. A medida que el precio sube, vende los lotes comprados a 62, 63, 64, cada vez que hayan alcanzado un punto y medio de beneficio, y mantiene todavía los lotes comprados a 65 y 66.

Coja un papel y un lápiz y haga los cálculos de las ganancias que ha logrado hasta ahora. Verá que ha cerrado cinco operaciones con una ganancia neta de unos 75 dólares y todavía tiene dos operaciones abiertas, una de las cuales le muestra una ganancia de 10 dólares y la otra que está a la par. Ahora el precio avanza a 69 y su corredor compra lotes a 67, 68, y 69, y mientras tanto vende tres lotes cada uno con un beneficio de 15 dólares.

Por supuesto, si sabía de antemano que el precio iba a bajar a 62 y luego a subir a 69, podría haber esperado a que llegara a 62 para comprar y luego esperar a que llegara a 69 para vender, y así haber obtenido una ganancia mucho mayor. *Pero no se puede saber de antemano qué es lo que el precio hará en el mercado.* Lo único que puede determinar es la tendencia general del mercado, y, sabiendo esto, el sistema de escalado hará que sus operaciones sean seguras y beneficiosas en todo momento, siempre y cuando su margen de capital sea lo suficientemente amplio. Cuantas más subidas y bajadas del precio, más beneficio hará. Mientras sea una campaña alcista y trabaje con este sistema en el lado alcista del mercado, estará siempre seguro, sin importar lo grandes que sean las fluctuaciones del precio.

En mayo de 1897, Rock Island estuvo todo el mes entre 61.5 y 66.5, moviéndose arriba y abajo con frecuencia. En junio, el precio fluctuó arriba y abajo, llegando finalmente a 76. En julio, subió a 83. En agosto, a 97, y en septiembre, también seguía a 97.

Ahora bien, como se ha dicho antes sobre el sistema de escalado, siempre le compromete a estar dentro del mercado: constantemente tenía acciones para vender en cada avance y acciones para comprar en cada retroceso.

El momento adecuado para comprar es cuando los precios descienden y el momento adecuado para vender es cuando los precios avanzan. El aficionado que opera por adivinanza, suele vender en la caída y comprar en la subida.

Los beneficios tras seis meses de funcionamiento del sistema de escalado, entre abril y septiembre de 1897, no habrían sido inferiores al 100 % de un capital inicial de 500 dólares, y el sistema habría sido totalmente seguro durante ese tiempo. La mayor parte del tiempo su corredor no habría necesitado más de 100 dólares para proteger sus operaciones. Durante todo el tiempo, las ganancias generadas también habrían hecho aumentar sus márgenes de riesgo. Sin embargo, para estar absolutamente seguro, debería haber tenido al menos 500 dólares en la cuenta de su corredor en todo momento, y entonces sus operaciones habrían estado protegidas incluso a través de una caída de hasta diez puntos, algo que nunca ocurriría en una buena acción de ferrocarril agrícola que paga dividendos después de que la campaña alcista haya empezado.

Ahora, digamos, que ha usado el sistema en el lado alcista hasta el 1 de septiembre de 1897. Las pistas que le dimos en las páginas anteriores le dicen que el final de la campaña alcista no puede estar muy lejos. Puede esperar un tiempo y cuando descubra que el mercado está demasiado alto, dele la vuelta a su sistema y comience a vender en el lado corto del mercado, cada punto arriba o abajo. No importa si el mercado va en su contra dos o tres puntos, ya volverá a estar a su favor más adelante. Al dar las órdenes a su corredor para poder trabajar con el sistema de escalado en el lado corto, simplemente sustituya la palabra «comprar» por la palabra «vender» en el mismo orden que le dimos antes como ejemplo.

Requerirá mucho valor de su parte darle la vuelta al sistema al final de la campaña alcista, pues toda la prensa, los corredores, los pronosticadores y el público en general, estarán en su contra en ese momento. Así que no haga ningún caso de lo que digan, y recuerde siempre que cuando los fondos hayan vendido todas sus acciones, *el precio debe bajar tarde o temprano sin importar lo favorables que sean las condiciones para seguir avanzando.*

Todo esto requiere cierta inteligencia de su parte. Bueno, se requiere inteligencia para hacer dinero en cualquier otro negocio, y esto es más cierto en Wall Street que en otros lugares. Un extracto de un boletín informativo que acabo de recibir contiene algunas observaciones muy adecuadas sobre este punto.

«Muchas empresas de corretaje poco fiables están inundando el país con publicidad basura sobre cómo hacer una fortuna en tres meses con una inversión de cien dólares, y cuentos de hadas similares, que, aunque son tan ridículos a primera vista, a menudo engañan a los inocentes, y a menudo roban a hombres y mujeres muy inteligentes todos los ahorros que tanto les ha costado ganar o que han heredado por sus familias durante años. No existe la forma de ganar dinero fácil y rápido, y si así fuera, ¿por qué no especulan estos hombres con su propio capital en vez de pedirles su dinero?, si fuera tan fácil la especulación, nadie trabajaría, pero la real verdad es que es extremadamente complicada».

Así que le estamos dando un plan o un sistema conservador probado. Si el aficionado lo sigue, él o ella (porque desgraciadamente también muchas mujeres se ven envueltas en este torbellino de especulación) estarán con confianza en todo momento y ganando dinero. Es el único sistema que podemos recomendar a conciencia a los aficionados, ya que es simple y seguro.

Un estudio de las fluctuaciones del precio de algunas de las acciones más activas que se dan en la última página, le mostrará lo que se podría haber hecho con este sistema. Por supuesto, el sistema puede ser modificado. Por ejemplo, si tiene un gran capital puede dar la siguiente orden a su corredor:

«Comprar diez Rock Island a mercado y duplicar la cantidad comprada en cada punto de retroceso del precio». Así, a los 65 se compran diez, a los 64 se compran veinte, a los 63 se compran cuarenta, a los 62 se compran ochenta. Ahora, cuando el precio avance un punto y medio, se venden las ochenta participaciones con una ganancia de ciento veinte dólares solo en esa transacción, e incluso si se cierra ahora, las otras acciones no tendrán pérdidas; pero si se mantiene la posición como debería hacer, un nuevo avance hasta 65 le da otros cien dólares de ganancia.

Este sistema funcionará bien si tiene *suficiente capital para operar y está en el lado correcto del mercado*. Sin estos dos elementos esenciales, el sistema puede llevar a la ruina incluso a un millonario.

¿Realmente está dispuesto a estudiar cómo funciona este negocio y a trabajar con un sistema seguro, obteniendo una rentabilidad mensual del 5 % al 15 % de su dinero?

Ni un especulador entre mil estará satisfecho con tal beneficio o seguirá un sistema de este tipo. El especulador aficionado quiere empezar con un capital de doscientos a quinientos dólares y enseguida doblarlo, triplicarlo y hasta cuadruplicarlo cada mes. Pero al intentar hacer esto, su reducido capital, tarde o temprano, irá a compensar los cien millones de dólares que debe perder el público cada año en Wall Street.

Un capital de quinientos dólares no es suficiente para iniciar el sistema de escalado con lotes de diez participaciones.

Este sistema funciona mejor en la Bolsa Consolidada que en la Bolsa de Nueva York, ya que se puede negociar con lotes más pequeños.

Un capital de cien mil dólares es el más bajo que debe utilizarse en cualquier sistema en la Bolsa de Nueva York, que negocia con lotes de cien acciones. Como no somos corredores de bolsa y no tenemos ningún interés especial en ambas bolsas, le estamos dando consejos sin prejuicios acerca de este tema. Evite las operaciones en lotes de cien acciones a menos que tenga un capital ilimitado.

Así, después de haberle dado lo que hemos encontrado que es el mejor y más seguro sistema especulativo para los operadores aficionados, y que creemos que es el más utilizado por los propios fondos después de que una campaña ya esté en marcha, no será necesario volver a discutir ningún otro sistema.

Perspectiva

En el presente escrito de mayo en 1898, hay toda la evidencia de que vamos a tener en los precios un avance fenomenal. La guerra es el factor alcista más grande. La inflación de los precios siempre acompaña a una guerra después de que ella ya esté en marcha. El gobierno gasta millones de dólares diariamente; la crisis actual ha unido a todos los partidos y no debemos de tener miedo de una legislación socialista en el Congreso. Los agricultores no han sido tan prósperos como hoy en veinte años: la mayor cosecha de trigo jamás conocida tiene la certeza de obtener buenos precios por ella; *pero lo más importante de todo* es que acabamos de recuperarnos de la depresión que siguió al pánico de 1893, y *estamos en el ciclo de avance de los precios* que siempre sigue al pánico.

Los registros de las cotizaciones muestran que el punto de acumulación de St. Paul esta primavera era de unos 88. Esto es más de diez puntos más alto que el punto de acumulación de hace un año. No tenemos ninguna duda en pronosticar que St. Paul se venderá en el presente año a 115 o más.

Y Burlington debería ir aún más alto.

Sugar se acumuló alrededor de 116 y si el fondo de Sugar Trust sigue con sus tácticas habituales pondrá el precio *muy alto* antes de que la campaña termine. Un vistazo a los gráficos de los giros radicales de ese juego en particular debería advertir al aficionado en contra de comerciar con acciones excepto en pequeñas cantidades.

Todo el mercado está metido en un avance espectacular y *nuevos máximos en los precios junto a grandes volúmenes de transacciones* se harán este año. El corazón de cada bajista crónico se romperá antes de que esta campaña termine.

Una sola palabra es suficiente para el sabio.

Ya nos han preguntado antes por qué hubo dos campañas distintas alcistas y dos bajistas en 1896, cuando lo habitual es que cada año solo haya una gran campaña alcista y una bajista.

Un momento de reflexión debería dar la respuesta.

El verano de un año presidencial es siempre un momento de incertidumbre y duda, así como de negocios que han perdido su fuerza.

El verano de 1896 estaba destinado a ser malo. Era una cuestión de si el libre comercio o el proteccionismo, el patrón oro o la plata, serían las políticas de este país para los próximos cuatro años.

Los gerentes de fondos, como hemos dicho, son hombres con visión a largo plazo; empezaron la campaña alcista en enero en lugar de esperar hasta abril como es de costumbre. En mayo tenían los precios en el máximo y descargaban constantemente las acciones de sus carteras de inversión durante todo mayo y la primera parte de junio. Luego vinieron las convenciones políticas, y luego la marcha habitual del mercado después de que los fondos hubieran distribuido todo. En agosto, los precios volvieron a estar donde se encontraban en enero y los fondos se afianzaron de nuevo para crear una segunda campaña alcista, que fue corta y rápida y terminó en noviembre.

PARTE III

PISTAS Y DESPISTES

Pista Número 4

La AVARICIA y la IMPACIENCIA son las causas principales de la mayoría de las pérdidas en Wall Street.

Un hombre que invierte mil dólares en un préstamo de bienes raíces está contento con esperar un año para obtener setenta dólares de intereses por el uso de su dinero. Este mismo hombre irá a Wall Street con mil dólares y esperará ganar doscientos, trescientos o quinientos dólares por semana con su capital. Por supuesto, lo más normal es que lo pierda. Pero estudiando los principios establecidos antes y trabajando el sistema de escalado con suficiente margen de reserva operativo, él podría ganar con total seguridad una rentabilidad mensual de su capital de entre el 5 % y el 10 %, y algunos meses hasta el 15 %. En cambio, este porcentaje jamás satisfará al especulador aficionado. Un 100 % mensual es lo mínimo con lo que se conformará este hombre.

Un libro muy antiguo, que ya no es popular en Wall Street, dice en alguna parte: «Un tonto y su dinero se separan muy pronto». El rey Salomón no tendría mucho problema en entender que de los bolsillos es de donde deben sacar los cien millones de dólares que pierde el público en Wall Street cada año.

Después de que haya entendido los principios básicos de este libro, lo único esencial para el éxito es que jamás debe operar en exceso. Si tiene muchas acciones para el monto de su capital, un retroceso de dos o tres puntos en los precios puede hacer que su corredor le pida más margen, y se vea obligado a vender en pérdida. Sin embargo, si tiene razón con su perspectiva sobre el curso general del mercado, debería de *comprar más acciones en la caída*, en lugar de vender. Si hace esto con confianza no tiene por qué preocuparse, ya que los precios volverán a subir en uno o dos días, y entonces lo que parecía ser una pérdida resulta que se ha convertido en una ganancia. Si está posicionado en el lado correcto del mercado, empezando con un margen de diez o quince puntos para que pueda comprar más en las correcciones, no tendrá que vender en pérdida durante toda la campaña.

Pista Número 5

Esto es muy importante. *Como regla general, no venda sus acciones en el tercer día de un descenso* (salvo que esté trabajando con el sistema de escalado) y *no compre en el tercer día de una subida*.

No podemos explicar por qué los precios se mueven prácticamente tres días en una dirección y luego corrigen, pero este es el caso. Parece haber alrededor de dos olas a la semana, una alcista y otra bajista. Si se trata de una campaña alcista, la ola ascendente será más larga que la descendente, de modo que la marea se va arrastrando gradualmente. Si es una campaña bajista, la ola descendente será más larga que la ascendente, y la marea va retrocediendo gradualmente.

Pista Número 6

Después de que las acciones hayan avanzado durante tres días y cerrado en máximos, si a la mañana siguiente abren un poco más arriba, es casi seguro que haya una corrección de un punto o dos.

Una vez que hayan disminuido durante tres días y cerrado en mínimos es casi seguro que avanzarán al día siguiente.

En un mercado alcista, cuando esté esperando para entrar en la corrección o retroceso, no espere más de dos días completos. En la tercera mañana comience a comprar de forma escalonada. A veces el mercado retrocede solo un poco, *simplemente descansando durante dos días antes de volver a avanzar.*

Este será el momento en que las condiciones de la campaña alcista son muy favorables, ya que de nuevo las acciones están baratas y la confianza en los negocios es alta. En estos momentos compre en el tercer día del periodo de descanso.

Pistas Número 7

En una campaña alcista, el mayor volumen de transacciones está en el avance. Los retrocesos están marcados por volúmenes más pequeños. Lo contrario ocurre durante la campaña bajista. Observe atentamente los volúmenes de transacciones y le darán una verdadera indicación de cuál es la tendencia del mercado.

Pista Número 8

Durante una campaña alcista nunca intente hacer un giro en el lado bajista o corto del mercado. No importa lo preciada que sea la información que tenga, nunca permita ponerse en el lado equivocado del mercado ni siquiera por un día. Tal vez tenga éxito un par de veces y gane un buen dinero, pero la próxima vez que lo intente, el mercado se le puede escapar y acabar con todos sus márgenes.

Si desea jugar seguro, quédese siempre en el lado alcista durante la campaña alcista. Si cree que va a haber alguna disminución temporal, entonces venda sus acciones y espere que termine la corrección, y comience a comprar de nuevo. Pero no se ponga corto.

Durante la campaña bajista, no se aleje mucho del mercado, ni siquiera por un tiempo. Si piensa que va a realizarse un retroceso, espere el avance y luego comience a vender en corto en la subida con el sistema de escalado. El mercado volverá a darse la vuelta más tarde o más temprano.

Pista Número 9

Si ingresa al principio de una campaña alcista será un buen plan para ir acumulando acciones de forma escalonada durante algún tiempo, es decir, mantener sus compras y añadir más acciones a medida que los precios avanzan y sus márgenes crecen. Por ejemplo, compre cincuenta acciones de St. Paul a 85, y cincuenta más cada dos puntos en una subida de diez puntos. Entonces, sus ganancias serán de mil quinientos dólares. Si estudia las variaciones del precio de St. Paul en los gráficos de la sección de fluctuaciones que vimos en la parte dos del libro, verá que una o dos veces al año St. Paul hace un movimiento de este tipo.

Para tener éxito en este negocio debe asegurarse de entrar al principio de la campaña alcista. Si se incorpora en una etapa posterior hará más dinero trabajando el sistema de escalado para aprovechar mejor los retrocesos.

Pista Número 10

Le aconsejo que estudie hasta el más mínimo detalle cómo se comportan dos o tres acciones principales. Mantenga todos los registros de las fluctuaciones y movimientos del precio de forma precisa. Después de un tiempo podrá ser capaz de leer la mente de los directores que controlan esos fondos.

Pista Número 11

No deje que las cotizaciones de Londres influyan en su opinión sobre el curso del mercado.

Pista Número 12

Después de cualquier subida del precio de seis a diez puntos con *gran excitación al cierre del avance*, incluso si el mercado quiere seguir subiendo, el avance se detendrá por un tiempo, y, por supuesto, lo más probable que ocurra es que haya una corrección. Entonces habrá una serie de fluctuaciones arriba y abajo, que se extenderán en un rango de dos o tres puntos en las acciones ferroviarias y algunos más en las industriales.

En otras palabras, podríamos decir que el mercado después de la subida ha tenido un «desfiladero» y debe esperar para digerir bien todo lo que se ha comido. Ese es el momento en que el sistema de escalado recoge las mayores ganancias. También es el momento en que la *especulación a muy corto plazo* hace su mejor trabajo.

La misma regla se aplica a una fuerte caída de los precios.

Pista Número 13

Los «consejos y recomendaciones» de los pronosticadores, la opinión general del público, los chismes de la llamada prensa financiera, así como los boletines de publicidad de los corredores, no deben influir en sus decisiones sobre el curso del mercado. Si estos consejos realmente concuerdan con las indicaciones proporcionadas en sus gráficos, estupendo. Si no, no les preste ninguna atención. A largo plazo se sentirá con más seguridad y ganará más dinero si deja de leer los periódicos y los chismes financieros.

Pista Número 14

Para tener éxito en Wall Street, debe tener una visión amplia y mirar más allá de lo que ve. Allí todo se anticipa. Si se esperan malas noticias, no se vende después de que se sepa lo peor, sino que se compra. Si prevé noticias positivas, compre por adelantado y venda cuando las noticias se han convertido en un hecho y sean conocidas por la mayoría del público. Anticípese. El público dijo: «Si se declara la guerra, venderemos y tomaremos posiciones en el lado corto del mercado». Todos los fondos habían vendido mucho antes y esperaban una oportunidad para recuperar sus acciones. Los precios empezaron a *subir* tan pronto como se declaró la guerra.

Si espera hasta que la incertidumbre se haya disipado y las nubes se escondan del cielo financiero antes de comprar, entonces los precios subirán de diez a treinta puntos y los que «se anticiparon» estarán listos para descargar sus acciones encima de usted. Si vende cuando se han dicho las peores noticias y la esperanza ha muerto, los fondos estarán listos para comprar, porque un cambio de tendencia está a la vuelta de la esquina.

Wall Street funciona como la misma naturaleza. «La noche es más oscura justo antes del amanecer».

¡Anticípese! ¡Anticípese! ¡Anticípese!

Pista Número 15

Manténgase alejado de las oficinas de los corredores y no mire el precio de «cotizaciones». Para tener éxito en Wall Street debe hacer un análisis totalmente independiente y tener el valor de actuar según su propio juicio y sus puntos de vista.

Ahora bien, si se encuentra en la oficina de un corredor escuchando la charla y las opiniones de los «naufragios de Wall Street», que se reúnen en tales lugares, su mente se verá completamente influenciada por dicha charla a pesar de que usted no quiera. El tablero de cotizaciones es la peor cosa que puede estudiar. Cuando los precios suben rápidamente, la cotización le susurrará: «compre, compre»; y si está observando la cotización cuando los precios bajan, el pánico se apoderará de usted, y venderá sus acciones cuando sin duda debería estarlas comprando.

El sistema de escalado compra y vende haciendo exactamente lo contrario a los susurros del tablero de cotizaciones.

Los únicos aficionados que ganan dinero en Wall Street son los que se mantienen alejados de las oficinas de los corredores.

Pista Número 16

Mantenga siempre que pueda márgenes grandes. Con un capital de mil dólares no es seguro que el aficionado pueda operar más de veinte lotes de participaciones en dos o tres de las mejores acciones. Por eso aconsejo al aficionado que trabaje a través de la Bolsa Consolidada y no en la Bolsa de Nueva York. A menos que sea un jugador desesperado, no puede permitirse trabajar con lotes de cien acciones con un capital menor de cinco a diez mil dólares. Utilice el sistema de escalado y opere en la Bolsa Consolidada si su capital es moderado.

Pista Número 17

«Dobles techos y doble suelos». Sr. C.B. Greene, un corredor muy astuto, ha presentado una teoría que tiene bastante de verdad. Expondremos esta teoría con sus propias palabras:

Cuando un mercado ha pasado por las etapas de debilidad y calma a la de actividad y declive, luego a semipánico y pánico (causado por algunas noticias inesperadas que nadie podía prever), observe que llegará el día en que *el volumen de las transacciones aumentará extremadamente en relación con los días anteriores.*

Encontrará que, en ese día, si realiza las compras a precios bajos de manera escalonada, le pueden dar resultados muy rentables contrariamente a las apariencias o a lo que le aconsejaba su propio juicio. Si desea actuar de forma más conservadora, espere hasta que termine el día del gran volumen, mostrando una corrección de unos pocos puntos desde el suelo anterior. Y no se olvide de enviar una orden a su corredor de forma inmediata para comprar en el siguiente o segundo movimiento bajista cerca del mínimo anterior tocado en el primer movimiento bajista del día del enorme volumen. Observará que cuanto mayor sea el volumen y la excitación de los bajistas, más seguro será que los precios vuelvan a tocar los mínimos del suelo anterior por segunda vez. Entonces las compras deben hacerse sin depender de las cotizaciones más bajas porque no podrá comprar en una escala descendente, por la simple razón de que en el segundo retroceso los precios rara vez pasan de unos pocos puntos por debajo del primer movimiento antes de que se produzca un fuerte avance.

Lo contrario es igual de cierto al final de una campaña alcista.

Regla a Observar

En este momento debe perder su individualidad y convertirse en un autómata, sin prestar atención a los chismes y noticias, y actuar en los segundos movimientos.

Se necesita nervios de acero y mucha paciencia.

Estas compras incitan avances claros en el mercado porque los movimientos fuertes de los alcistas siempre siguen en los talones de los movimientos de los bajistas en proporción a la extensión de los volúmenes al final de la caída extrema.

Hay mucha verdad en esta regla, y esta verdad se aplica tanto a los movimientos cortos de venta como a los largos de compra acompañados siempre de volúmenes inusualmente altos. Apoyamos todo lo que dice Sr. Greene sobre este punto sin ningún tipo de dudas, pero al actuar sobre esta regla tenga en cuenta el tipo de campaña que está operando. Si se trata de una campaña bajista y compra en un giro del mercado, no espere que el precio tenga una corrección demasiado grande al alza.

Pista Número 18

No deje que sus deseos influyan en su juicio. El especulador normal, si ha comprado acciones porque está largo, solo puede apreciar los argumentos que afirman el lado alcista del mercado.

En cambio, el bajista crónico tiene los ojos cerrados ante los signos más evidentes de un mercado alcista.

En ambos casos el deseo o la esperanza ciega el juicio.

En la especulación bursátil no hay lugar para el partidismo o la política, el patriotismo o la religión, no más de lo que pueda tener un juego de *whist* o ajedrez.

El hábito de analizar los registros de las fluctuaciones, pronto le enseñará que este es un juego de habilidad basado en las leyes eternas de la naturaleza humana.

Sin embargo, no hay que descuidar el estudio de las condiciones naturales y la forma en que pueden influir en la mente del público. Los gerentes de fondos no descuidan estos hechos.

Pista Número 19

Por lo general siempre hay una o dos acciones líderes que encabezan las acciones principales. La acción o acciones líderes empiezan la subida desde el suelo del mercado y llegan al techo primero, y luego son distribuidas entre el público mientras las secundarias y el resto de acciones menos importantes siguen avanzando. La acción que llegue primero a la cima será la primera en empezar la carrera descendente. Sin embargo, recuerde que el precio suele llegar al techo una segunda vez antes de iniciar la bajada y que el precio debe fluctuar arriba y abajo justo debajo del techo durante algún tiempo.

Durante la campaña bajista las acciones líderes llegarán al suelo del mercado y desde allí empezarán la campaña alcista mientras que las más lentas seguirán cayendo un poco más hasta que se giren completamente. Habrá dobles suelos, así como dobles techos. Estudie esas ocasiones y mientras las acciones estén bajando rápidamente espere hasta el doble suelo en los días con gran volumen.

Pista Número 20

No sea nunca un «alcista crónico» u «bajista crónico». Pues esto le debería de haber quedado claro ya en las páginas anteriores junto a un estudio de los registros gráficos, que hay un tiempo para tomar el lado alcista del mercado y un tiempo para tomar el lado bajista. Debería cambiar cada seis meses más o menos, cuando los fondos también cambian sus planes.

Si debe ser un «crónico», es decir, una persona que está en el mismo lado del mercado durante todo el año, quédese en el *lado alcista del mercado uno o dos años*. Siempre es mucho mejor ir con la marea que luchar contra ella.

Pista Número 21

Como regla general, póngase en el lado alcista a finales de la primavera y quédese allí hasta el otoño. Luego cambie su visión del mercado y tome el lado bajista. Sin embargo, es normal que después de una bajada en el otoño haya una pequeña campaña alcista, que *comience a mediados de diciembre y dure hasta mediados o finales de enero*. Luego otra caída hasta abril, cuando comienza la gran campaña anual. Esta es una regla general, que, si mantiene cuidadosamente sus gráficos de forma regular, serán su mejor guía.

Pista Número 22

Una campaña alcista puede dividirse en tres períodos distintos.
    Primer período. Un mercado alcista sigiloso.
    Segundo período. Un mercado alcista progresivo.
    Tercer período. La gran carrera final.
El primer movimiento alcista de la campaña es una sorpresa para los bajistas y el público en general.

    Todo se ha visto tan favorable para que los precios siguieran bajando, había tantas nubes en el cielo financiero, que el repentino avance de los precios se ve como un simple movimiento temporal. «El mercado estaba sobrevendido», es el grito del público en general, y casi todo el mundo espera que el precio vuelva de nuevo a los mínimos. Después de que los bajistas se han recuperado de su confusión comienzan a hacer ventas en corto, y los líderes de los alcistas se retiran un poco para animarlos a que sigan tomando posiciones cortas, por lo que hay un ligero retroceso en los precios, algunas veces igual a la mitad del avance.

Luego viene el segundo período: «un mercado alcista progresivo». En ese momento los fondos se apoderan de una acción tras otra sucesivamente, o una o dos a la vez, y las hacen avanzar sin ningún tipo de emoción y con una actividad moderada y aburrida. Muchas acciones están paradas durante este período, algunas pueden retroceder un poco temporalmente, pero semana tras semana los precios siguen subiendo. No hay excitación por parte del público durante este período. No obstante, hay muchas razones que demuestran que los precios deberían bajar al menos unos pocos puntos más. Uno de los periódicos financieros más destacados de cada año le dice al público en este período: «va a haber un mercado alcista más tarde, pero empezará desde un nivel de precios más bajo», y así el público espera a que haya una corrección que nunca llega a realizarse. En este momento el público está muy desconfiado y realmente no tiene ninguna confianza en el mercado alcista hasta que los precios empiecen a subir de veinte a treinta puntos y avancen rápidamente. Un mercado bastante aburrido con una o dos acciones avanzando a la vez y el público esperando las correcciones para entrar en largo, o vendiendo en corto para promediar las pérdidas anteriores, son las características del segundo período de la campaña alcista.

Finalmente, viene el tercer período: «La gran carrera final», el mercado alcista tradicional, fortunas hechas en una semana: precios que avanzan rápidamente a lo largo de toda la línea; acciones principales y secundarias, incluso las acciones más

inoperativas y olvidadas galopan hacia el frente; gran emoción; *un enorme volumen de transacciones diarias* y luego...
¿QUÉ VENDRÁ DESPUÉS?

Bueno, si le pregunta a sus amigos que cargaron una cartera de inversión con acciones en septiembre de 1894, septiembre de 1895, noviembre de 1896, y septiembre de 1897, sabrá cuáles fueron sus experiencias.

Pista Número 23

Durante un mercado que avanza con poca actividad después de que se haya formado la base para una campaña alcista, no entre en las correcciones. Si todo el mundo está esperando cualquier retroceso para ponerse corto, o empezar en el lado alcista desde un nivel de precios más bajo, esté seguro de que no habrá correcciones importantes. *Lo que el público en general espera que ocurra en Wall Street no ocurrirá.*

Opere siempre con las acciones más activas una tras otra a medida que empiezan a moverse. Recuerde que los fondos tienen que subir los precios y *mantenerlos altos* antes de que puedan descargar todas sus acciones.

Pista Número 24

Una campaña bajista no es tan fácil de detectar como una campaña alcista.

Después de la gran excitación por parte del público en el cierre final de la campaña alcista hay, por supuesto, una corrección brusca de los precios y luego suben de nuevo para hacer un doble techo. Seguidamente nos encontraremos con una aburrida, lenta y oscura retirada de los precios. El público que ha comprado las acciones en el techo, apretará los dientes, aumentará los márgenes con sus corredores y mantendrá su posición en el mercado. La esperanza brota eterna en el pecho humano, pero durante la campaña bajista los precios caen y caen hasta que la esperanza da paso a la desesperación. Después de unos tres meses de hundimiento del mercado, generalmente a finales de diciembre o en enero, hay una campaña alcista que dura cuatro, cinco o seis semanas, y luego un nuevo declive aún mayor hasta el período real de acumulación de acciones, que se mostrará en los registros de las fluctuaciones del precio.

La campaña bajista ofrece muchas posibilidades de ponerse en corto para ganar dinero, algunos años mejores que otros obviamente, pero, como dijimos antes, durante *los próximos dos años estaremos metidos en el ciclo de avance de los precios* por lo que las subidas superarán con creces las bajadas.

Pista Número 25

Cuando ha visto que cualquier acción forma una buena base para una subida, como se muestra en los registros de las fluctuaciones, y luego esta acción avanza *más allá del último punto de parada de cada avance, acompañada por grandes volúmenes de transacciones*, puede estar seguro de que esta acción en particular está inmersa en una gran subida. El precio objetivo de la subida puede ser medido por la anchura de la base. Trabaje en consecuencia.

Recuerde que las fluctuaciones del precio significan algo. Son el resultado de un diseño, no del azar.

Pista Número 26

Durante la campaña alcista, por lo general el jueves por la tarde es el día donde las acciones se venden más baratas; los viernes y sábados avanzan y llegan a la cima el lunes o el martes por la mañana. En la campaña alcista compre el jueves por la noche y el viernes por la mañana, y venda el lunes y el martes por la mañana. Invierta esta regla para una campaña bajista.

Las Trampas de Sugar

Para que el público especulador entienda la manipulación del fondo de Sugar Trust, mostraré de la forma más sorprendente lo que hemos denominado: «Las trampas de Sugar» n.º 1 y n.º 2.

Los gráficos que analizaremos son los registros reales de la evolución de los precios en las acciones de Sugar en las fechas mencionadas.

Trampa Número Uno, 1895.

```
         DISTRIBUTION.      June 20 to June 28, 1895.
    122                      v
                             v v
    121                      v v
                             v v    v
    120           v          v v   v v
             v v v v         v v   v v
    119    v v v v v v    v  v v v v v
           v v v v v v v v v v v v v v
    118   v v   v v v v v v v   v v v v v
           v    v  v v v v     v   v   v
    117          v v v v              v
                  v   v                v
    116                               v
                                     v v
    115                              v v v
                                     v v v
    114   Sugar Trap No. 1.          v v v
                                     v v v
    113                              v v v
                                     v v v
    112                           v  v v v
                                     v v v
    111                              v v v
                                     v v v
    110                              v  v
                                     v v
    109                              v v v
                                     v v v
    108                              v v v
                                     v v v
    107                              v v v
                                     v  v
    106
```

La acción de Sugar había sido acumulada por el fondo alrededor de 90; luego, durante cuatro o cinco meses el precio había ido avanzando progresivamente hasta llegar a 119; luego, durante seis semanas el precio había sido manipulado arriba y abajo en un rango de tres o cuatro puntos, durante el cual el fondo descargaba las acciones al público; después, el día 17 la acción de Sugar vendió exdividendos, y más tarde llegó el fatal 20 de junio. Durante los tres días siguientes el Sugar cayó ocho puntos completos, luego subió tres puntos, y durante los tres días siguientes volvió a bajar otros ocho puntos más. La caída total fue de 119 a 116 o trece puntos entre el 20 y el 28 de junio de 1895.

Trampa Número dos, 1896 (Solo un año después).

```
                DISTRIBUTION.           June 20 to June 28, 1896.
125  v v              v             v
     v v v v          v v           v v
124  v v v v v    v   v v v    v    v v
     v         v v v  v v v v v v v v   v
123            v v v v v v v v v v v v v v    v
     v v v  v  v v v v v v v v   v v v v v
122       v    v v v v  v v v  v v   v v v v v
          v v v     v      v v      v v v  v
121             v v         v v     v v     v
                v v         v v             v
120                                         v
119                                         v
118                                         v
117  Sugar Trap No. 2.                      v
116                                         v
115                                         v v
114                                         v v v
                                            v v v
113                                         v v v
                                            v v v
                                            v  v
112                                            v
111                                         v v
110                                         v v v
                                            v v v
109                                         v v v
                                            v v v
108                                         v  v
                                            v  v
```

Las acciones de Sugar habían sido acumuladas por el fondo a la par. Luego, durante cuatro meses el precio había ido avanzando progresivamente hasta llegar a 125; luego, durante siete semanas, el precio había sido manipulado arriba y abajo en un rango de unos cuatro puntos, mientras el fondo descargaba las acciones en el público. De nuevo las acciones de Sugar vendieron exdividendos el día 17; y otra vez vino el fatal 20 de junio. Durante los tres días siguientes, Sugar cayó diez puntos completos, luego subió tres, y luego en los tres días siguientes cayó ocho puntos más. La caída total fue de 122 a 108, o catorce puntos entre el 20 y el 28 de junio de 1896.

¿Es necesario hacer algún comentario? Compare los dos gráficos y fíjese en la notable similitud de ambas trampas.

¿Son esos movimientos fruto de la casualidad, o están diseñados previamente? «Pero qué tontos son estos mortales para dejarse atrapar dos veces por la misma trampa». Advertido por la experiencia de 1895, cuando el mismo movimiento empezó en una fecha similar en 1896, ¿cuánto se podría haber ganado vendiendo en corto doscientas o trescientas participaciones a unos 120, y después de los tres días de caída y corrección alcista, poner doscientas o trescientas participaciones más para otros tres días?

Dese cuenta en los dobles suelos hechos después de cada caída.

El mismo juego no se jugó en las mismas fechas en 1897, porque el avance no empezó en ese año hasta mediados de mayo, y por supuesto el precio no subió hasta la zona de distribución en junio.

La Gran Campaña Anual del Fondo de Sugar Trust

El gráfico adjunto le da un esquema del plan de operaciones que este fondo ha llevado a cabo desde 1893. Un simple vistazo aclarará todo el asunto.

En el período de acumulación, y durante la primera mitad o los dos primeros tercios del período de avance del mercado, siempre hay algún motivo para vender Sugar en corto. Un año se habla de que el Congreso va a aprobar leyes que dañarán el poder de la compañía; otro año es la Legislatura del Estado la que la perjudica; todo el tiempo hay habladurías de que los Arbuckles o alguna otra gran empresa va a poner en marcha refinerías de la oposición y por lo tanto afectarán a las acciones de Sugar. Estos rumores y consejos circulan hábilmente en invierno, primavera y a principios de verano, y los especuladores parecen tener la loca idea de que lo más adecuado es vender Sugar en corto.

Ahora eche un vistazo a los registros y vea qué es lo que realmente ha ocurrido en el precio de esta acción cada año.

Siempre hubo un momento cada año en el que uno debería de vender en corto; y también otro momento en el que uno no debería vender o ponerse en corto nunca.

¿Quién cree que inspira a las agencias de noticias y a los pronosticadores a dar consejos para vender el Sugar en corto? ¿El propio fondo de Sugar Trust es lo suficientemente inteligente para no arriesgar su reputación con estas estrategias? Honestamente creemos que sí; «todo es justo en el amor, en la guerra y en Wall Street».

Nota

El método para llevar los registros de las fluctuaciones del precio de las acciones como se muestra en los gráficos de este libro es el siguiente:

Supongamos que St. Paul vende a 86 y luego sube a 86 y a 87. Entonces el precio se da la vuelta y corrige a 85 otra vez. Luego gira de nuevo y sube a 86, 87, 88, 89. Entonces corrige a 87. Después sube a 90 y baja a 89. El registro gráfico debe hacerse cada día en el orden en que se producen las oportunidades.

				90	
		89		89	89
		88	88	88	
87		87	87		
86	86	86			
85	85				

Las cotizaciones deben estar siempre en la misma línea horizontal.

Con un poco de estudio y práctica, pronto hará que sea más fácil leer este tipo de gráficos.

Sr. W. P. Eager, un corredor muy inteligente de la Bolsa Consolidada, ha hecho un estudio exhaustivo de la fluctuación de las acciones líderes de la bolsa en los últimos seis años. A continuación, le doy sus resultados sobre Sugar y Burlington:

SUGAR.

Year.	*Fluctuation.*		*High and Low.*	*Number of Shares Traded.*
1892	375	Points	115 5/8–78 1/2	4,371,100
1893	750 1–2	"	134 3/4 – 62	10,589,100
1894	603 7–8	"	114 7/8 – 75 3/4	12,936,700
1895	491	"	121 3/8 – 86 1/2	10,050,500
1896	517 1–4	"	126 5/8 – 95	9,794,800
1897	567 5–8	"	159 1/2 – 109 1/8	9,097,500
	3,305 1–4			56,839,700

BURLINGTON.

Year.	*Fluctuation.*		*High and Low.*	*Number of Shares Traded.*
1892	246 5–8	Points	110 5/8 – 95	2,710,200
1893	428 1–8	"	103 7/8 – 69 1/4	2,828,500
1894	278 1–2	"	84 1/8 – 68 5/8	3,059,900
1895	267 1–4	"	92 5/8 – 69	3,114,900
1896	372 3–4	"	83 3/4 – 53	3,528,300
1897	327 1–2	"	102 1/4 – 69 1/4	5,784,000
	1,920 3–4			21,025,800

Las fluctuaciones y los volúmenes mencionados son con relación a lo registrado en la Bolsa de Nueva York, de 1892 a 1898. Ahora bien, existen otras bolsas cuyo volumen total de ventas llega a los millones de ganancias por participación cada año. Además, la fluctuación total sería más sorprendente si fuera posible saber las fluctuaciones reales. Por ejemplo, el MÁXIMO y el MÍNIMO de Sugar para un día concreto, podría mostrar una fluctuación de dos puntos y medio, y la fluctuación total podría haber estado más cerca de los cinco puntos.

El escritor considera como una estimación conservadora, que deberían agregarse un tercio de los 3.304 puntos a la fluctuación de Sugar, un tercio de los 2.377 puntos a la fluctuación de Gas y un cuarto de 1.920 puntos a la fluctuación de Burlington, para poder acercarnos a la fluctuación real durante seis años.

«Por lo tanto, notará una fluctuación de más de 4.400, 3.300 y 2.400 puntos en Sugar, Gas y Burlington proporcionalmente, durante los últimos seis años».

Tablas de Precios

PRICES OF RAILROAD AND MISCELLANEOUS ***STOCKS*** IN NEW YORK–***1896***.

STOCKS	January.	February.	March.	April.	May.	June.
	Low. High.	Low. High.	Low. High.	Low. High.	Low. High.	Low. High.
Chic. Burl. & Qu.	71 3/4 – 78 5/8	76 3/4 – 81 7/8	73 5/8 – 78 1/4	77 – 82 5/8	77 – 81 3/8	72 5/8 – 80 7/8
Chic. Mil. & St. P.	63 1/2 – 72 1/2	71 5/8 – 79 3/8	73 3/8 – 78 3/8	74 3/4 – 79 1/2	76 – 79 1/8	73 5/8 – 79 7/8
Chic. & No'west.	94 7/8 – 100 1/2	99 5/8 – 105 3/4	101 5/8 – 104 1/2	102 3/4 – 106 3/4	104 – 106 1/2	100 – 106 1/8
Chic. R. I. & Pa.	62 – 69 3/8	69 – 74 7/8	68 1/2 – 73 1/8	70 – 73 3/8	69 1/8 – 72 1/4	65 1/4 – 72 5/8
Louisv. & Nash.	39 7/8 – 47 1/4	45 1/2 – 55 5/8	48 3/8 – 54 1/4	48 3/4 – 53 1/4	48 3/4 – 52 3/8	47 – 53
Missouri Pacific	22 5/8 – 26 1/4	20 7/8 – 25 1/2	22 3/4 – 25 1/4	23 7/8 – 29 3/4	24 – 28 3/8	19 5/8 – 25
Northern Pacific	2 5/8 – 5	4 – 5	1 5/8 – 4 3/4	1 – 1 3/4	1/4 – *5 3/8	*2 3/4 – †9 1/2
Pref.	10 1/8 – 16 1/8	14 5/8 – 17 3/8	10 5/8 – 17 1/2	10 – 13 1/8	11 3/4 – *15 3/4	*13 3/4 – †17 1/4
Union Pacific	3 1/2 – 7 1/4	6 3/4 – 9	6 1/8 – 8 3/8	7 3/8 – 10	7 1/4 – 8 5/8	6 1/2 – 8 5/8
Am. Sugar R. Co	97 – 108 5/8	106 1/8 – 118 5/8	113 1/2 – 117 3/4	116 3/4 – 126 5/8	120 – 125 1/8	109 5/8 – 125
Am. Tobacco Co.	74 3/4 – 84 1/2	75 1/2 – 83 1/4	71 5/8 – 90 7/8	67 1/4 – 95	62 5/8 – 72	61 1/2 – 68
Chicago Gas Co.	62 – 67	63 3/4 – 70	64 1/2 – 68 3/8	67 3/8 – 70 3/8	66 1/2 – 70 3/8	61 1/2 – 69 3/8
Gen. Electric Co.	22 – 29 3/8	27 1/2 – 33 5/8	30 – 39 1/2	36 1/4 – 38 3/4	33 1/2 – 36 7/8	27 – 34 5/8
West. Union Tel.	81 1/2 – 85 3/8	82 7/8 – 87 1/8	82 – 85 3/4	83 1/4 – 87 3/8	84 1/2 – 86 1/2	82 5/8 – 86 3/4

* Trust receipts; 1st instalment paid. † 2nd instalment paid.
‡ 3rd instalment paid. § Trust receipts; all assessments paid.

STOCKS	July.	August.	September.	October.	November.	December.
	Low. High.	Low. High.	Low. High.	Low. High.	Low. High.	Low. High.
Chic. Burl. & Qu.	62 1/8 – 73 1/2	53 – 66	60 1/2 – 71	66 3/4 – 77	76 – 83 3/4	68 1/2 – 79 1/2
Chic. Mil. & St. P.	66 5/8 – 76	59 7/8 – 69 1/8	65 1/2 – 73 7/8	67 1/2 – 74 1/2	73 3/8 – 80	70 – 75 5/8
Chic. & No'west.	92 1/8 – 101 1/2	85 1/8 – 96	95 – 100	96 5/8 – 103 5/8	102 1/2 – 106 1/4	100 1/4 – 106 3/8
Chic. R. I. & Pa.	52 1/2 – 66 3/4	49 1/4 – 56 3/4	55 5/8 – 63 5/8	57 7/8 – 67 1/8	67 – 74 7/8	64 – 70 1/4
Louisv. & Nash.	42 3/4 – 49 3/4	37 1/8 – 44 7/8	38 7/8 – 44 1/8	41 1/4 – 48 1/8	47 1/4 – 53 1/8	45 1/8 – 51
Missouri Pacific	15 1/8 – 21 3/4	15 – 17 7/8	17 – 21 1/2	18 5/8 – 22	21 1/2 – 26 1/8	18 – 22 7/8
Northern Pacific	†5 1/2 – 8 1/2	‡3 1/2 – §10 3/8	§9 7/8 – 14 5/8	§12 1/2 – 14 3/4	§14 1/4 – 16 7/8	§12 1/2 – 15 1/8
Pref.	†12 1/4 – 17	‡10 – 18 1/8	§17 1/2 – 22	§18 3/4 – 22 1/2	§22 1/2 – 28 5/8	§21 5/8 – 25 1/4
Union Pacific	5 3/4 – 7 1/8	4 – 6 1/8	5 – 7 1/4	5 7/8 – 9 1/4	9 – 12 1/2	8 – 11 1/2
Am. Sugar R. Co	100 – 111 1/2	95 – 108 7/8	107 3/4 – 117 3/8	105 – 116	115 3/8 – 125	108 – 117 5/8
Am. Tobacco Co.	55 – 62 3/4	51 – 60 7/8	58 7/8 – 67 1/4	60 3/8 – 76 1/2	74 3/8 – 84	73 1/4 – 80 1/2
Chicago Gas Co.	49 1/2 – 63 1/4	44 5/8 – 54 1/4	53 3/4 – 63 1/4	57 3/4 – 71 1/2	71 3/8 – 78 3/4	70 – 77 1/4
Gen. Electric Co.	20 – 27 5/8	21 1/8 – 25	23 1/2 – 29 1/2	24 1/2 – 29 1/2	29 1/4 – 35 1/2	29 – 33 7/8
West. Union Tel.	77 – 83 3/8	72 3/4 – 79 1/2	77 – 84 7/8	81 1/2 – 86 1/8	85 – 90 1/4	80 7/8 – 87 1/2

* Trust receipts; 1st instalment paid. † 2nd instalment paid.
‡ 3rd instalment paid. § Trust receipts; all assessments paid.

EL JUEGO DE WALL STREET, Y CÓMO JUGARLO CON ÉXITO

PRICES OF RAILROAD AND MISCELLANEOUS *STOCKS* IN NEW YORK–*1897*.

STOCKS	January Low. High.	February Low. High.	March Low. High.	April Low. High.	May Low. High.	June Low. High.
Chic. Burl. & Qu.	69 3/8 – 77 1/4	73 1/4 – 75 7/8	69 5/8 – 78 1/2	69 1/2 – 73 3/8	72 – 77	77 1/4 – 85
Chic. Mil. & St. P.	72 3/4 – 77 3/8	74 1/4 – 77 1/8	71 1/4 – 78 1/2	69 1/4 – 73 7/8	71 3/4 – 76	76 1/8 – 83 1/4
Chic. & No'west.	102 1/4 – 105 1/4	103 – 105 3/8	103 1/8 – 110 3/4	101 3/4 – 105 1/4	102 3/4 – 107 3/8	107 1/2 – 118 3/4
Chic. R. I. & Pa.	65 7/8 – 70	65 3/8 – 69	60 5/8 – 69 5/8	60 1/4 – 63 1/2	61 1/2 – 66 3/8	66 1/4 – 76 3/8
Louisv. & Nash.	47 3/8 – 52 1/2	48 3/8 – 51 7/8	44 1/2 – 50 5/8	40 1/8 – 46 7/8	43 – 46 3/4	46 3/8 – 52 5/8
Missouri Pacific	20 – 24 1/4	19 1/4 – 23	14 1/2 – 22 3/4	13 3/4 – 16 1/8	10 – 15 1/4	14 3/4 – 20 1/2
No. Pacific Ry. vot. tr. rec.	13 – 15 5/8	13 7/8 – 16 3/4	11 1/4 – 14 3/4	11 – 13 1/2	12 – 13 3/8	13 – 15 3/4
Pref. v. tr. rec.	32 1/8 – 38 1/8	36 1/8 – 38 7/8	33 1/2 – 38 1/8	33 1/8 – 37	34 – 38 3/8	38 1/8 – 43 5/8
Union Pacific	6 1/4 – 10	6 1/2 – 7 3/8	5 1/2 – 7 3/4	4 1/2 – 6 1/4	5 5/8 – 7 3/8	5 5/8 – 8
Am. Sugar R. Co	110 – 118 1/8	110 1/8 – 117 3/8	109 1/8 – 118 5/8	109 3/4 – 115	112 1/8 – 118	115 – 130
Am. Tobacco Co.	73 1/4 – 79 1/8	67 1/2 – 75 3/8	71 1/8 – 79 3/8	68 1/2 – 75 1/8	67 3/4 – 72 3/4	71 1/4 – 79 3/4
Chicago Gas Co.	73 1/4 – 79 1/8	75 5/8 – 78 3/4	75 3/4 – 81 3/8	77 5/8 – 84 3/8	78 3/4 – 84	83 1/2 – 96 5/8
Peoples' G.-L. & C., Ch.	....	....	....	....	....	....
West. Union Tel.	82 3/4 – 86	81 – 84 1/2	82 1/4 – 86 1/2	77 1/4 – 82 1/2	75 3/8 – 80 3/8	78 3/4 – 85

* All assessments paid.   † 1st instalment paid.
‡ 2nd instalment paid.

STOCKS	July Low. High.	August Low. High.	September Low. High.	October Low. High.	November Low. High.	December Low. High.
Chic. Burl. & Qu.	81 3/4 – 89 3/4	87 1/2 – 99 1/4	96 3/8 – 102 1/4	91 7/8 – 99 1/2	89 3/4 – 96 3/4	94 5/8 – 100 7/8
Chic. Mil. & St. P.	81 3/4 – 89	86 7/8 – 96	94 3/8 – 102	91 7/8 – 98 3/8	89 – 93 7/8	92 3/4 – 96 3/4
Chic. & No'west.	115 3/8 – 118 1/2	117 3/8 – 121 3/4	120 1/2 – 132 1/2	121 3/8 – 127 7/8	117 – 123 3/4	119 3/4 – 124 1/2
Chic. R. I. & Pa.	73 – 83 1/8	81 3/8 – 91 3/8	89 3/8 – 97 3/4	84 7/8 – 92 3/8	81 1/8 – 88 1/2	88 3/8 – 92 1/8
Louisv. & Nash.	49 1/4 – 55 5/8	55 3/8 – 62 3/8	57 5/8 – 63 7/8	54 5/8 – 61 1/4	51 3/8 – 56 3/4	54 5/8 – 58 5/8
Missouri Pacific	18 5/8 – 27	24 3/4 – 39 1/4	32 1/8 – 40 1/4	27 1/2 – 35 1/4	25 7/8 – 31 3/8	29 1/2 – 35 7/8
No. Pacific Ry. vot. tr. rec.	13 5/8 – 15 5/8	15 1/4 – 18 3/8	17 3/4 – 21 7/8	17 1/2 – 21 1/8	16 1/2 – 19 1/2	19 1/4 – 22 3/8
Pref. v. tr. rec.	39 7/8 – 45 1/2	45 3/4 – 51 5/8	49 7/8 – 57	50 1/2 – 55 7/8	48 5/8 – 56 3/4	55 3/8 – 61 5/8
Union Pacific	5 7/8 – 8 1/2	7 3/4 – †18 1/4	†16 3/4 – †24 7/8	†20 1/4 – †27 3/4	‡18 3/4 – *24 1/8	*23 7/8 – *26 1/2
Am. Sugar R. Co	125 5/8 – 146 1/4	138 1/2 – 157 3/8	142 3/4 – 159 1/2	137 – 150 1/4	126 3/4 – 143	135 3/8 – 145 1/2
Am. Tobacco Co.	73 1/2 – 85	83 – 96 3/4	87 – 96 3/4	78 7/8 – 90 1/4	78 3/4 – 83	81 1/2 – 90 1/8
Chicago Gas Co.	92 5/8 – 99 5/8	99 3/8 – 103 3/4	98 3/4 – 108 3/4	87 1/8 – 102	92 1/2 – 97 3/8	....
Peoples' G.-L. & C., Ch.	....	....	....	92 1/2 – 94 5/8	91 – 96 3/4	93 3/4 – 97 3/8
West. Union Tel.	83 1/2 – 86 1/2	85 7/8 – 94 1/2	89 – 96 3/4	87 1/8 – 91 7/8	84 1/2 – 88 1/2	87 1/2 – 91 7/8

* All assessments paid.   † 1st instalment paid.
‡ 2nd instalment paid.

Rango Anual de Precios en las Acciones Activas

En el cuadro que figura a continuación se muestran las fluctuaciones extremas de los precios de las acciones más activas durante los últimos años. Notará que no solo le hemos dado los precios más altos y más bajos de cada año, sino el mes y el día en que se alcanzaron esos precios.

STOCKS	Year 1894.		Year 1895.	
	Lowest.	Highest.	Lowest.	Highest.
RAILROADS				
Chic. Burl & Quincy	68 5/8 Dec. 1	84 1/8 Mar. 21	69 Mar. 4	92 5/8 July 29
Chic. Mil. & St. Paul	54 1/4 Jan. 3	67 3/8 Sept. 6	53 7/8 Mar. 9	78 7/8 Sept. 4
Chic & Northwestern	96 1/4 Dec. 5	110 5/8 June 7	87 3/8 Mar. 4	107 1/2 Feb. 16
Chic. R. I. & Pacific	58 1/2 Oct. 11	72 3/8 Apr. 7	59 Dec. 21	84 3/8 Aug. 28
Louisville & Nash	40 7/8 Jan. 12	57 5/8 Sept. 22	39 Dec. 20	66 1/8 Sept. 4
Missouri Pacific	18 1/8 Jan. 5	32 1/2 Apr. 7	18 5/8 Mar. 11	42 1/2 Sept. 9
No. Pa. vot. tr. ctfs.	....	....	....	....
Union Pacific	7 July 30	22 1/2 Mar. 31	4 Dec. 30	17 1/2 May 11
MISCELLANEOUS				
Amer. Sugar Ref. Co.	75 5/8 Feb. 1	114 7/8 Aug. 21	86 1/2 Jan. 3	121 3/8 June 13
Amer. Tobacco Co.	69 7/8 Jan. 2	107 Aug. 27	63 Dec. 9	117 May 27
Chicago Gas	58 3/4 Jan. 3	80 June 35	49 7/8 July 16	78 1/4 Jan. 11
General Electric	30 3/8 Jan. 3	45 1/8 Mar. 8	20 Dec. 20	41 Sept. 9
People's Gas L. & Coke (Chic.)	....	....	....	....
Western Union Tel.	80 7/8 Jan. 3	92 1/2 Sept. 11	82 1/2 Dec. 20	95 3/8 Sept. 3

STOCKS	Year 1896.		Year 1897.	
	Lowest.	Highest.	Lowest.	Highest.
RAILROADS				
Chic. Burl & Quincy	53 Aug. 7	83 3/4 Nov. 10	69 3/8 Jan. 5	102 1/4 Sept. 20
Chic. Mil. & St. Paul	59 7/8 Aug. 10	80 Nov. 4	69 1/4 Apr. 19	102 Sept. 15
Chic & Northwestern	85 1/8 Aug. 10	106 3/4 Apr. 23	101 3/4 Apr. 19	132 1/2 Sept. 15
Chic. R. I. & Pacific	49 1/4 Aug. 7	74 7/8 Feb. 24	60 1/4 Apr. 19	97 1/4 Sept. 20
Louisville & Nash	37 1/8 Aug. 26	55 5/8 Feb. 24	40 1/8 Apr. 19	63 7/8 Sept. 3
Missouri Pacific	15 Aug. 7	29 3/4 Apr. 24	10 May 6	40 1/4 Sept. 7
No. Pa. vot. tr. ctfs.	12 1/4 Dec. 19	14 3/8 Dec. 30	11 Apr. 19	22 3/8 Dec. 15
Union Pacific	3 1/2 Jan. 7	12 1/2 Nov. 4	4 1/2 Apr. 19	‡27 3/4 Oct. 20
MISCELLANEOUS				
Amer. Sugar Ref. Co.	95 Aug. 10	126 5/8 Apr. 21	109 1/8 Mar. 29	159 1/2 Sept. 3
Amer. Tobacco Co.	51 Aug. 10	95 Apr. 2	67 1/2 Feb. 15	96 3/8 Aug. 9
Chicago Gas	44 5/8 Aug. 8	78 3/4 Nov. 7	73 1/4 Jan. 5	108 3/4 Sept. 18
General Electric	20 July 16	39 1/2 Mar. 13	28 5/8 May 17	41 3/8 Sept. 15
People's Gas L. & Coke (Chic.)	....	....	91 Nov. 26	96 3/4 Nov. 10
Western Union Tel.	72 3/4 Aug. 10	90 1/4 Nov. 11	75 3/8 May 7	96 3/4 Sept. 11

‡ All instalments paid

El siguiente gráfico ilustra de manera general las grandes campañas anuales en la acción de Sugar desde 1984 a 1898. Hay también más campañas pequeñas de poca importancia que no se han mostrado.

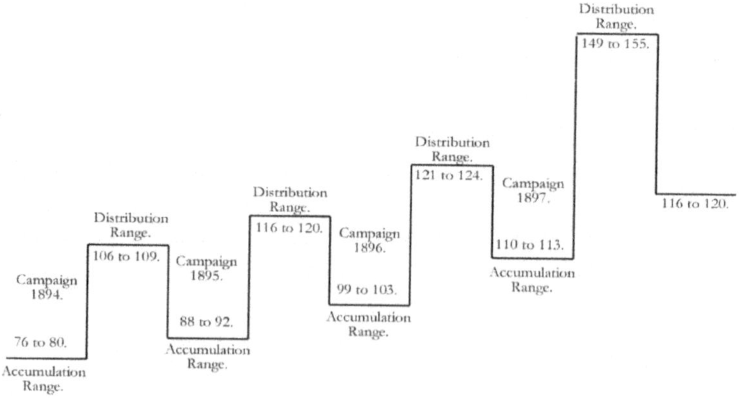

Diccionario Bursátil

Alcista. Operador o inversor que cree que los precios van a subir.

Bajista. Operador o inversor que cree que los precios van a bajar.

Caída. Una disminución en el valor de las acciones debido en gran parte a la falta de demanda.

Clique. Un pequeño grupo de operadores que controlan las fluctuaciones de una cierta acción.

Cobertura. La compra de granos o acciones para reducir el riesgo de contratos en corto se llama «cobertura».

Desplome. Una caída severa e inesperada en el mercado.

Dividendo. La parte de las ganancias de una compañía que se reparte por participación a cada accionista, por lo que un dividendo del 2 % es de 2 $ por cada 100 $ de acciones.

Especulación. Comprar productos que no se necesitan para su uso, o vender productos que no se poseen, con la esperanza de obtener beneficios por las fluctuaciones en los valores de estos productos. Un especulador compra trigo porque espera venderlo a un mejor precio, pero no porque lo necesite para su uso. Vende acciones de Sugar porque cree que puede comprarlo después a un precio más barato, y ganar dinero con la diferencia.

Especulación a muy corto plazo. Abrir y cerrar operaciones durante mínimas fluctuaciones del mercado para tomar una pequeña ganancia o tener una pequeña pérdida.

Ex-dividendo. Una acción así vendida no incluye un dividendo recientemente declarado, pero el dividendo va a parar al vendedor o al antiguo propietario.

Fideicomiso. Una combinación de varios fabricantes de un artículo dado para controlar su producción o su venta, como por ejemplo el fideicomiso de Sugar Trust o el Leather Trust. La vida y el éxito de estos fideicomisos dependen de la legalidad de su combinación y de su capacidad para controlar el comercio de su mercancía, y para resistir a la competencia en ella.

Fondo. El dinero profesional aportado por un sindicato para controlar el precio de una determinada acción.

Forasteros. El público en general. Aquellas personas que invierten en acciones o granos sin usar su propio juicio y se ven influenciados por la situación general del mercado.

Grangers. Los ferrocarriles que manejan principalmente productos agrícolas. Se incluyen en la siguiente clasificación: Burlington. St. Paul, Rock Island, Northwestern, y Atchison.

Incremento. Un pequeño y rápido avance.

Iniciados. Aquellas personas que poseen información privilegiada y participación de las acciones de una compañía, y que, por lo tanto, son grandes influyentes en la tendencia del mercado. Estas personas siempre están vigiladas de cerca por parte del público, ya que sus operaciones suelen mover el mercado.

Interés a corto. La cantidad total de acciones que se han vendido en cualquier mercado especulativo, pero que todavía no han sido cerradas.

Interés a largo. La cantidad total de acciones que se han comprado en cualquier mercado especulativo, pero que todavía no han sido cerradas.

Lote. Un gran número de acciones o participaciones compradas y vendidas en un solo bulto.

Mantener el mercado. Comprar suficientes acciones para evitar que el precio baje. Esta compra suele denominarse «apoyo del dinero profesional».

Margen. Un pago parcial depositado a su corredor para protegerse de las pérdidas en cualquier posición del mercado cuando se usa apalancamiento. Su margen siempre debe ser mayor o igual a la pérdida mostrada por su operación.

Orden de parada de pérdida. Una orden para cerrar la operación y detener las pérdidas en un lugar específico.

Orden límite. Un precio específico a la que se debe abrir o cerrar una operación.

Piramidar. Ampliar las operaciones que uno ha hecho por el uso de los beneficios. Por ejemplo, si uno compra 5.000 fanegas de trigo y el mercado avanza 2 centavos, si él vende obtiene 100 $ de ganancia, y con esto, además de su margen original, compra 10.000 fanegas de trigo, que cierra con un nuevo avance y hace una inversión aún mayor. En los mercados con correcciones de no más de 2 a 4 centavos este plan obtiene grandes beneficios, pero debe ser seguido desde cerca, ya que los márgenes deben mantenerse.

Posición en corto. Tomar posiciones cortas o de venta cuando uno piensa que el mercado va a caer.

Posición en largo. Tomar posiciones largas o de compra cuando uno piensa que el mercado va a subir.

Profesionales. Operadores que especulan a corto plazo como base de su negocio diario. Rara vez compran acciones para mantenerlas durante un período largo de tiempo, pero operan con ellas todos los días.

Puntero. Es una teoría o un hecho relativo al mercado de una acción determinada en el que se basa una especulación.

Punto. En las acciones un punto es un dólar de ganancia por participación. En granos es un céntimo por *bushel* que es una unidad de medida de capacidad para el comercio de granos y harinas.

Ruptura. Movimiento fuerte y agresivo del precio cuando rompe por encima de una línea resistencia o cae por debajo de una línea de soporte.

Otros Libros Traducidos por I.A. Ortega

Cómo Opero e Invierto en Acciones y Bonos

Richard D. Wyckoff. Traducción de I.A. Ortega. *Cómo Opero e Invierto en Acciones y Bonos: Siendo Algunos Métodos Desarrollados y Adoptados Durante Mis Treinta Años de Experiencia en Wall Street.* Publicación independiente, 2021. Edición original publicada en 1925

Psicología de la Bolsa

G.C. Selden. Traducción de I.A. Ortega. *Psicología de la Bolsa.* Publicación independiente, 2021. Edición original publicada en 1912

www.ingramcontent.com/pod-product-compliance
Lightning Source LLC
Chambersburg PA
CBHW070255220526
45465CB00004B/1630